The Pedant's Revolt

書呆子的反抗

為什麼你以為對的都是錯的？

新時機託付以新責任，光陰已移，古風遺訓不再合宜；
要與真理同行，必須持續精進。

——詹姆斯・洛威爾，〈當前的危機〉（The Present Crisis）

目錄——

CHAPTER 8 食物

CHAPTER 9 對人有益的東西

CHAPTER 10 希臘人與羅馬人

CHAPTER 11 歷史事件

CHAPTER 12 被錯誤引用的格言

CHAPTER 13 歷史人物

CHAPTER 14 發明、成就和大發現

CHAPTER 15 語言與文法

CHAPTER 16 哺乳類動物

CHAPTER 17 打理儀容

CHAPTER 18 醫學

CHAPTER 19 名言

CHAPTER 20 身體

CHAPTER 21 用字遣詞

前言——

今天，我們被無數「事實」與「數據」轟炸，但這些內容有多少是真確的？你是否曾停下來思考？《書呆子的反抗：為什麼你以為對的都是錯的？》就是為每個質疑「真理」、只願接受真相的人所著。

比如說，有次我向友人提到：人在打噴嚏時心臟會停止，對方問「真的是這樣嗎？」「顯然是吧。」但我查資料後，發現事實根本不是如此。這則小插曲使我思考，到底有多少我以為自己知道的「事實」，實際上是假的？

貓頭鷹的頭真的可以完全扭轉嗎？阿斯匹靈加可樂真的會讓人興奮？人有可能一夜之間白頭嗎？就像被蟲子咬到會全身不舒服那樣，每個問題的答案都衍生出更多疑問、揭穿了更多誤解。我於是開始收集這些資料，當收集到五百則時，我開始想：自己以前相信的，到底是不是真的？

我發現希特勒根本沒吃素、克麗奧佩脫拉不是埃及人，而復活節根本也不是因異教女神為名。我發現隨著時間的更迭，真相也會過時，推論有時會被誤以為真，胡言亂語更可能被收錄在前人整理的智慧集錄中。

我們周遭到底有多少錯誤資訊呢？我得到的結論是：許多反覆重現的事物並非以真相為憑據，而是因為聽起來很好、很棒。有多少人曾對你提過，人睡覺時，每年會吞進八隻蜘蛛等精彩「事實」？這個蜘蛛迷思近年才出現，但像是「鴕鳥會把頭埋入沙土中」的謬論，最早卻從古羅馬時期就有。還有一些迷思可以回溯到特殊資料上，像是一幅畫作指出，羅馬人拇指朝下代表死亡；另有一部影片指出，旅鼠會自殺。

堅信謬論的力量不可小覷，我們有虛構英雄「荷蘭男孩」漢斯．布林克的雕像，也有被錯誤引用的格言，像是約翰．甘迺迪在柏林演講中，自詡為「甜甜圈」。我們甚至不能仰賴偉大的歷史學家蘇埃托尼烏斯和迪奧，來對事物進行考究。利用網路，現在很容易就能查到《大英百科全書》和牛津的參考資料，而似乎當我們繼續朝二十一世紀前進，願意接受無稽之談和都市傳說的人就愈少，樂於自行找出真相的人也愈多。

○×

Chapter 1
藝術、文學與娛樂

Art, Literature and Entertainment

1。「蛋頭先生」是一顆蛋？

一八七二年，在路易斯・卡羅（Lewis Carroll）的兒童文學著作《愛麗絲鏡中奇遇記》（Through the Looking-Glass）中，蛋頭先生（Humpty Dumpty，又稱矮胖子）被畫成一顆蛋，因此才被當成蛋。但在此之前，根本沒有人知道這號人物是什麼東西。

作家兼歷史學家洛伊德・慕特（A. Lloyd Moote）在《大瘟疫》（The Great Plague）一書中表示，「蛋頭先生」指的是一六四〇年代晚期「在內戰被攻陷期間，從聖瑪麗教堂牆邊掉下來的……皇家大砲。」據說當時議會軍團發射大砲，擊中了皇家大砲所在的高塔塔牆，使大砲掉下來。皇室所有的騎兵和步兵努力想把這枚「矮胖子」大砲拉抬到另一邊，卻失敗了。

儘管有很多人認為這則故事是真的，但仍然沒有證據能證實大砲和兒歌之間的關聯。

Humpty Dumpty 改編繪本
William Wallace Denslow 繪
——1904

2。華特．迪士尼的遺體被冷凍保存？

美國電影製片、導演和動畫師華特．迪士尼（Walt Disney）當然是冷凍保存遺體最有名的人，如果他真的被冷凍、保存起來的話。

迪士尼討厭葬禮，他在逝世前就清楚表明不想要葬禮。他在一九六六年十二月的葬禮規模很小，也很低調。在那之後不到一個月，當地的心理學家詹姆斯．貝福德博士（Dr James Bedford）成為第一個死後被冷凍保存在美國密西根州人體冷凍機構（Cryonics Institute）的人。事實上，因為人體冷凍技術幾乎與迪士尼的低調葬禮同時出現，因此大眾好奇迪士尼的遺體到底放置何處。

這則謠言的印刷版本，據說最早出現在一九六九年法文雜誌《這裡是巴黎》（Ici Paris），而許多未經授權的相關傳記裡，也曾提到這則謠言。其中艾利約特（Marc Eliot）的《華特迪士尼：好萊塢的黑馬王子》聲稱：迪士尼對人體冷凍技術甚感興趣。

但這位大亨是否真被冷凍保存？根據人體冷凍機構，「我們可不認為」。

傳記作家凱瑟琳與理查．格林恩夫妻檔，擁有直接管道可聯繫迪士尼家族，也能取得其檔案，他們在一九九八年《魔法背後的男人：華特迪士尼的故事》一書中提到：「與謠言恰恰相反的是，華特的遺體最後是火化——而非冷凍保存。」

根據《福洛莫二〇〇四年洛杉磯旅遊地圖》作者馬修．普爾（Matthew Richard Poole）所述，迪士尼的死亡證明確實也表明，其遺體「一九六六年十二月十七日」於洛杉磯格倫代爾森林草坪紀念公園「火化」，骨灰葬於「自由墓園左方的小型花園中」。

兒童電影《雪人》主題曲的真實歌手？

一九八二年，兒童動畫冒險電影《雪人》（The Snowman，故事講述一個男孩在聖誕夜做了一個雪人）的主題曲〈漫步在雲端〉（Walking in the Air），是阿萊德．瓊斯（Aled Jones）一九八五年的暢銷單曲，該年十二月還登上英國單曲排行榜第五名。

不過，電影原聲帶中的歌聲可不是來自瓊斯，而是聖保羅大教堂唱詩班歌手彼得．奧提（Peter Auty）。他的名字最初並未出現在電影原聲帶裡，但目前最新的原聲帶版本裡已收錄。

3。美國兒童民謠中，有吸食大麻的涵義？

據說〈神奇的小龍帕夫〉（Puff, the Magic Dragon）其實在描述吸食大麻？這是一首歡樂的兒童暢銷曲，由美國民謠團體「彼得、保羅和瑪莉」演出。有人認為，「帕夫」（Puff）諧音指的是吸食藥物、「小傑奇佩伯」（little Jackie Paper）指的是捲菸紙、「秋霧」指的是大麻的煙霧，而「哈納里」（Honalee）指的是夏威夷的哈納雷（Hanalei），該地以種植大麻出名。不過這個說法，已被所有相關人士嚴厲反駁。

李奧納德・利普敦（Leonard Lipton），在一九五九年寫下後來啟發這首歌的詩詞，他表示受到奧頓・納許（Ogden Nash）〈卡斯塔龍的故事〉（The Tale of Custard the Dragon）的啟發，內容講述童年到成人的轉變。

作曲家彼特・亞羅（Peter Yarrow）補充：「〈帕夫〉這首歌寫完時，我根本不知道有迷幻藥……再說有哪個邪惡的王八蛋，會想寫帶有嗑藥訊息的兒歌啊？」

是啊，會有這種人嗎？接下來會有人想要批判他們的第二首暢銷曲〈答案在風中飄蕩〉（Blowin' in the Wind）嗎？

4。美國名演員的墓碑上，寫了「我寧願住在費城」？

據說美國演員兼劇作家費爾德斯（W. C. Fields，曾出演《我的小山雀》〔My Little Chickadee〕、《Never Give a Sucker an Even Break》）的墓碑上，有這麼一句名言：「我寧願住在費城」。

但實際上，洛杉磯森林草坪紀念公園裡的銅碑上，只寫了「W. C. Fields 1880–1946」來表示他的最終安息地。

傳記作家詹姆士．柯提斯（James Curtis）針對「W．C．費爾德斯在此長眠。我寧願住在費城」這著名的墓誌銘表示，這句經常被錯誤引述的名言，首次出現在一九二四年十月份的《浮華世界》（Vanity Fair）。當時，他被問及「你希望自己的墓誌銘上寫些什麼？」費爾德斯耍了點小幽默，他的回答常被改寫成：「總而言之，我寧願住在費城」或是「總的來說，我寧願待在費城」。

5。科學怪人叫法蘭克斯坦？

瑪麗．雪萊的詭異恐怖故事《科學怪人》（Frankenstein），其名取自主人翁維克多．法蘭克斯坦（Victor Frankenstein），他利用人體不同的部位，打造出一個怪物。

英國教授艾倫．茉爾斯（Ellen Moers）在其評著《女性志異》（Female Gothic）中解釋：「科學家逃走後拋棄了新生的怪物，怪物因此沒有名字。」因此，這個怪物就被稱為「法蘭克斯坦的怪物」。

順帶一提，法蘭克斯坦其實不是一名德國醫生，而是一名瑞士籍的自然科學研究生。

瑪麗．雪萊（Mary Shelley）
《科學怪人》作者，亦為英國詩人雪萊之妻。

○×

Chapter 2

對人體有害的事物

Things That Are 'Bad' For You

6。咬鉛筆會鉛中毒？

一位「順勢療法靈擺治療師」宣稱黛安娜王妃曾飽受鉛中毒之苦，因此影響了她的姿勢。他指出，王妃年輕在學時，曾發生鉛筆頭「碎裂戳進臉」事件，當時醫生取出鉛屑後，也因此改善了王妃的姿勢。

根據歷史學家克里斯提安．華倫（Christian Warren）在其作《與死亡爭論》（Brush with Death）所述，「鉛筆的鉛其實不是鉛，而是石墨」。為什麼會有這個誤解？這就要回溯到中世紀，當時人們發現了一種新礦物「石墨」，後來被暱稱為「德國鉛」。但是鉛筆其實沒有鉛，也從未含有鉛。

至於鉛筆是否有毒，《毒物季刊》（Poisons Quarterly）明確指出「咬鉛筆不會有鉛中毒的風險」。

7。表親通婚會生出患有先天缺陷的孩子？

在西方文化裡，一直以來都有「表親通婚」的禁忌，據估計，美國有三十個州禁止近親通婚。不過更準確來說，這是因為其後代通常都讓人憂心害怕。

十八、十九世紀，歐洲皇室家族中的血友病病例，常被當作表親通婚的負面範本。不過，遺傳諮商師羅賓・貝內特（Robin Bennett）在《遺傳諮商期刊》（Journal of Genetic Counselling）中表示，「此種與X染色體有關的隱性遺傳『血友病』，不論皇室是否『同族聯姻』（表親通婚），都可能會出現。」

人們對此禁忌的恐懼，可以回溯到十九世紀的研究，當時的研究誇大了表親通婚會生出患有先天缺陷孩子的風險。人類學教授馬丁・歐特海默（Martin Ottenheimer）在《禁忌的關係》（Forbidden Relatives）一書中指出，科學家研究斯里蘭卡郊外近親伴侶後代發現，「其後代發育並無顯著退化的情況。」就算不考慮這樣小型、獨立的群體，歐特海默仍認為：「現代研究也無法證明，表親通婚就代表其後代生理上會有嚴重危機的常見說法。」

醫學人類學家艾莉森．蕭博士（Dr Alison Shaw）同意，「根據出生率數據，懷上有基因狀況孩子的風險，約為二%……而表親伴侶的生育風險會往上加倍，約為四%。」

這代表，一百組表親通婚的伴侶中，有九十六對育有健康的孩子。雖然歐特海默指出，近親聯姻的後代確實會有缺陷的風險，但這機率顯然比多數人所想的小很多。

8。在光線昏暗下閱讀，會損害視力？

「看太久」會使視力變差是一種常見的迷思，但奇怪的是，卻沒有「聽太久」、「吃太久」或「摸太久」會損害相關器官或肢體的論調。

阿肯色大學的眼科助理教授尼可拉．金恩博士（Dr Nicola Kim）告訴我們，一般情況下，眼睛不會因為日常一般使用而受損，不過有幾種特殊例外，像是直視日光和雷射光。除此之外，在昏暗或明亮的燈光下閱讀，並不會影響眼睛的健康或功能……如果光線「不理想」，確實會比較難專注閱讀，但不會對眼睛結構有恆久的影響。同樣的，離電視太近或太遠，也不會對視力有永久的影響。

兒童照護專家斯波克博士（Dr Spock）也表示，孩童的視力不會因為「離電視太近、閱讀過久、在光線昏暗下閱讀，或把書拿得太近而受損。」羅伯特．孟德爾索醫師（Dr Robert Mendelsohn）在《如何育成健康的孩子》（How to Raise a Healthy Child）也提到，「沒有科學證據指出，在移動的交通工具裡閱讀、接觸閃光燈和強烈的人工燈光、戴別人的眼鏡，或是不戴眼鏡會損害眼睛。」事實上，科學作家克里斯多夫・萬傑克（Christopher Wanjek）在其作《劣質醫學》（Bad Medicine）表示，現代世界中，只有少數日常活動會導致視力衰退。

許多成人都認為，孩子會近視都是因為自己的關係，也害怕他們有同樣的命運。這則謬見或許已讓許多人怪罪自己的生理缺陷，而非承認是自己造成的。除此之外，如果坐得離電視或電腦螢幕太近，真的會損害視力，那大部分的IT工作者，現在早就拿著白色拐杖到處走了。

9。掰手會導致關節炎？

掰手是否真的會引發關節炎？還是這只是媽媽想嚇你，要你別再製造怪音？一九九〇年，卡斯塔拉諾和雅克斯羅德（J. Castellanos and D. Axelrod）在他們的研究中發現，一群四十五歲的人當中有七十四位會掰手，兩百二十六位不會掰手，而「這兩組都未出現明顯增加罹患關節炎的趨勢」。

《關於骨頭的一切》（All About Bone）的作者艾爾文．席格爾博士（Dr Irwin M. Siegel）指出：健康的手「掰」關節不僅沒有危險，也不會造成關節炎……有的科學家認為這種「喀」或「啪」的聲音是因為韌帶、軟骨或關節囊滑過骨骼突出處而產生……其他人則認為，關節伸展（減壓）時，關節內的氣泡被釋出、破掉，才會發出聲音。

不過，從一九九五年發表於《操作與生理治療期刊》研究結果來看，博迪爾（R. Brodeur）指出，「掰手的過程中，很難在不讓肌肉受傷的情形下對合適的組織施力。」因此，雖然掰手不會傷害手骨或引發關節炎，卻可能會對軟組織造成長期傷害。所以當你想要再次用「啪」聲來舒緩難受的小指時，請切記這一點。

10。玻璃粉是有效的「毒藥」？

維多利亞時期，專門做掉討厭親戚的B計畫，就是「玻璃粉」。唯一的問題是……這根本沒用。我沒有嘗試過，但有個人真的試過。

十七世紀一位醫生兼作家湯瑪斯．布朗爵士（Sir Thomas Browne）在一六四二年發表的《世俗謬論》（Pseudodoxia Epidemica）就告訴我們，「常人認為玻璃有毒，我知道不該以經驗來查證，但我曾在狗身上使用微量玻璃粉……也曾在奶油和醬汁裡加入玻璃粉，但狗沒有出現任何異狀。」

所以我們可以知道：湯瑪斯．布朗醫生曾用玻璃粉對幾隻狗下毒，但結果發現根本沒用。

《謀殺和重傷害罪》（Murder and Mayhem）的作家萊爾醫生（Dr. D.P. Lyle）也提到，「精細的玻璃很難對腸道造成任何致命傷……即便是粗玻璃造成出血，也不太會有性命危害，只是會慢慢造成貧血和疲勞。」

大型的玻璃碎片則完全另當別論，不過大多數的人，也不會對稍微難入口的午餐感到有何不妥——如果你曾在風大的天氣裡，在沙灘附近吃三明治，就知道我在說什麼了。

11。鈍掉的刀，比鋒利的刀安全？

鋒利的剪刀和刀子確實很危險（特別是被惡人所用時），但鈍掉的刀器可能導致更大的傷害。我年輕時很熱衷手作，通常我都是拿最鈍的鈍刀和剪刀來工作，以為這樣可以減少因任何意外受傷的機率。儘管已經預先防護，我還是在以鈍刀切割布料、卡片時，差點切到手指。

求生專家雷蒙德．米爾斯（Raymond Mears）在節目《野外生存手冊》（The Outdoor Survival Handbook）中指出，「使用頓刀時，要以更大的力氣才能切割。切割時表面會很光滑，不像銳利的刀會直接嵌上。」

Cutco 刀具公司的茱娣．沃克（Judy Walker）也表明，「鋒利的刀具比較安全，因為切割食物時施力較小」。雖然最好完全避免與刀有關的意外，但她也指出「如果你真的割到自己，至少會是個乾淨的割傷。」

12。坐在過熱的物體表面上，會長痔瘡？

到底這種坐在濕潤草地上，就會得痔瘡的無稽之談是從何而來的？屁股濕掉是當然啦——但是怎麼會得痔瘡？

這可能是因為《醫學健康家庭百科》（The Family Encyclopedia of Medicine and Health）曾提到，「內痣痔瘡曾被認為是靜脈曲張」，因此才有增加循環（比如坐在發熱表面）或是減少循環（在冰冷的表面上休息）都會增加痔瘡的說法。《醫學健康家庭百科》補充說明，痔瘡被認為是「細小血管中豐滿的海綿組織。」

英國BBC第四電台節目《案例筆記》（Case Notes）的主持人馬克·波特醫師（Dr Mark Porter）譴責這種說法，「胡說！造成痔瘡的兩大主因是：便祕和懷孕」。

○×

Chapter 3

聖 經

Of Biblical Matters

13。伊甸園裡，夏娃給了亞當一顆蘋果？

創世紀第三章第六節告訴我們：「於是女人見那棵樹的果實，既可當作食物，也能悅人眼目，且樹還能使人有智慧，就摘下果子吃了。她也給了丈夫，他也吃了。」

這果實究竟是什麼？這段文字或聖經裡的其他章節，皆未曾提到。

拉比阿爾弗雷德・柯拉契（Rabbi Alfred J. Kolatch）在其作《猶太教疑問集二》（The Second Jewish Book of Why）說道：「雖然在基督教傳統裡，伊甸園的禁果指的是蘋果……但在猶太教傳統中，此指無花果，因為亞當和夏娃用來遮蔽裸身的圍裙（腰帶）是無花果樹葉，這在後面的章節也將會提及。」

＜人類的墮落＞
Peter Paul Rubens 繪
——1628-29

14。約拿被鯨魚吞食？

約拿書第一章第十七節裡寫道：「如今耶和華已準備好一條大魚，要吞掉約拿，於是約拿在大魚肚子內待了三天三夜。」

每個上過學的孩子都知道，鯨魚是哺乳類而不是魚類。大部分的鯨魚雖然可以長到非常龐大，但牠們的喉嚨其實非常窄小，而就算是殺人鯨，也吞不了比小型海豹還要大的東西。

或許約拿其實是被非常大隻的黑線鱈吞下肚！

15。「俄南主義」在聖經用語中代表「自慰」？

舊約聖經故事中，有個比較不討大眾喜歡的故事——「俄南之惡」（sin of Onan），故事中，自慰被認為是有罪的，因此俄南最終被處死。不過其實創世紀第三十八章提到的故事，卻是截然不同的罪惡。

猶大要俄南與已逝的哥哥之妻同房，「為你的兄長增加子嗣」，不過俄南不太認同這項主意，因為根據希伯來習俗，男子在與逝世兄長之妻同房時，若該妻在先夫過世時不曾為其生下子嗣，則之後第一個誕生的孩子，即為先夫的合法子嗣。

這故事後來的發展是，「俄南深知孩子不會是自己的孩子，於是在他與兄長之妻同床時，他遺精在地，不願將子嗣留給先兄。這件事觸怒了耶和華，遂而處死了他。」

顯然俄南為了不讓自己的孩子成為先兄的子嗣，選擇「性交中斷」，也就是在交媾過程中中斷射精，刻意不想讓新婚妻子，也就是原本的嫂嫂奉命懷孕。

因此，俄南犯下的罪並非自慰，而是利用沒成功懷孕的性交，故意打破希伯來傳統，最終賠上自己的性命。

毒婦大利拉剪掉參孫的長髮？

聖經裡惡名昭彰的毒婦大利拉（Delilah），其所作所為確實是導致參孫（Samson）失去神力的關鍵，但她未曾親手剪去他的長髮。

士師記第十六章十九節寫道，「她找來一名男子，要他剃除參孫頭上的七條髮綹，而她箝制著他，最終使他力氣盡失。」

由此可知，大利拉沒有直接剪去參孫的頭髮——她差使別的男人來做這件事。

16。耶穌曾說「施比受更有福」？

使徒行傳第二十章三十五節中，保羅告訴我們「要記住主耶穌的話，他說『施比受更有福』。」

儘管這句話令人感念，而且耶穌無疑深信此道，但其實在聖經中，並沒有任何文字提到耶穌說過這句話。

<山上講道>
Carl Bloch 繪
——1877

○ ×

Chapter 4

鳥 & 蟲

Birds and Insects

17。候鳥在冬天為了避寒，會往南飛？

許多人認為，候鳥在冬天時如果繼續待在北方，就會因寒冷而死亡，但實情根本不是如此。

鳥類學家保羅．克林格（Paul Kerlinger）在其作《鳥類如何遷徙》（How Birds Migrate）中提到，「只要食物充足，許多品種的鳥類其實可以忍受低溫；但食物不夠時，牠們就必須遷徙。」

根據環境專家阿龍．塔爾（Alon Tal），「鳥的羽毛夠溫暖，能使牠們維持身體的高溫，熬過寒冬。」不過在氣溫降到攝氏十度以下時，鳥類的主要食物來源——昆蟲——幾乎無法活動，凍土也讓鳥難以挖鑿出以往需要的食物。塔爾因此總結道，候鳥在冬天時往南飛，並非是因為天氣寒冷，而是為了覓食。

18。鴨子的呱呱聲沒有回音？

這個迷思在英國BBC電視與《流星》（Shooting Stars）和《家屋真相》（Home Truths）廣播節目中，已被破解。

此說法是由「Did-you-know?」網站上開始散播，為了證明「錯誤知識會立即獲得迴響，不論言論是否屬實」。崔弗・考克斯（Trevor Cox）教授指出，鴨子的呱呱聲沒有回音是個誤會。二〇〇三年，考克斯把「黛西」鴨放在回音室，想藉此來證實鴨子的呱呱聲確實會造成回音。如果你感興趣，可以在英國索爾福德大學（University of Salford）的聲學院，聽見「黛西」鴨的呱呱回音。

為什麼大家會如此深信這個迷思呢？根據考克斯，鴨子的呱叫聲「稍微衰弱」，造成回音太快消失，所以很難分辨出來。

不過到底是誰一開始認為鴨子呱叫聲沒有回音，接著又傳出去造成轟動？那就是另一個故事了。

19。信鴿內建神祕的導航系統？

頂樓飼養的鴿子即使飛離了數百哩之遠後，還是有辦法找到回家的路。牠們是怎麼辦到的？牠們的方法是否真的神祕莫測？答案很簡單，一點也不。

一九七一年，威廉．基頓（William T. Keeton）在〈磁力會干擾信鴿〉研究中發現，若將磁鐵黏在鴿子的背上，並將鴿群釋放至烏雲密布的天空時，牠們會搞不清楚方向，但是「天空晴朗時，不會有這種狀況」。

基頓總結，鴿子會藉由判斷太陽的位置，偵測地球磁場微弱方向，得出北方位置，之後找出回家之路。換句話說，牠們體內有內建的「指南針」。

不過，一九九七年，伯特（T. Burt）的研究小組則指出，鴿子飛越熟悉的領域時會利用視力導航。二〇〇四年，牛津大學提姆．基佛德（Tim Guilford）教授主導的動物行為學家們發現，鴿子會按圖索驥，還會參考公路地圖。

還有一則驚人的發現，基佛德評論一篇二〇〇四年二月《每日電訊報》的新聞時寫道：「如果是鴿子曾飛過的路線，那牠們很可能會說『我知道這是南方，這是我要去的方向，我才不要用體內的指南針找路，我要走A34線，這條路比較好走。』」

但，鳥類的腦子裡當然不可能這樣想。基佛德在追蹤主要道路A附近的鴿群行跡時，笑說這有多滑稽：「牠們沿著公路飛到第一個交叉口時全都往右轉，接下來又在幾個交叉口後，全都往左轉。」其中有隻鳥在某條路甚至往下飛了點，沿著一個圓環繞圈，像是要讓路給牠右方的鴿子們後，才又選擇轉向另一個方向。

嗯……至少，空中不會塞車。

20。蛾會吃衣服？

我每次看見房間裡有蛾在飛竄時都會驚惶失措，總覺得牠會趁我轉身時，立刻鑽進櫥子裡啃食毛衣，但我後來發現，會吃衣服的蛾幾乎不會飛，就如消費顧問黛博拉・戴德（Debra Lynn Dadd）在其作《無毒的家》（Home Safe Home）中所說，「吃衣物纖維的是這些蛾的幼蟲，不是衣蛾成蟲。」

所以，即使你確實發現衣蛾——纖細呈銀金色的小蟲，在櫥子後方快速亂竄——牠在成蛹之前都還算無害，直到牠交配後才會出事。

樟腦丸曾被認為可以嚇阻衣蛾在櫥子裡成家、在衣服裡下蛋——而且似乎非常有用，不過作家簡恩・赫席（Jane Hersey）提出警告，樟腦丸（萘或對二氯苯）不再是一個好選擇了，因為樟腦丸並不能有效毒害衣蛾。在《我的孩子為什麼不乖？》（Why Can't My Child Behave?）中，赫席便指出，「曾有嬰幼兒在接觸與樟腦丸一同存放的毯子和衣物後死亡。」

要取代樟腦丸，戴德建議，「草本驅蟲藥非常有效……薰衣草、迷迭香、薄荷和胡椒都能驅除衣蛾，但最經典的是雪松。」

21。鴕鳥會把頭埋入沙中？

數世紀以來，鴕鳥把頭埋進沙裡被冠上「否定現況」、「愚蠢」等形象，因此被揶揄嘲弄。古代自然歷史學家老普林尼（Pliny the Elder），在一世紀時抹黑鴕鳥，稱此動物「是所有動物中最愚蠢至極的」。不過，他並未如大家所知，宣稱鴕鳥會把頭埋入沙中。這樣確實很蠢，因為牠們一定會窒息。實際上，老普林尼說的是，「牠們把頭和頸部藏在灌木叢或矮樹叢中，以為自己很安全，不會被任何人見見。」

鴕鳥專家兼《夢幻之鳥》（Dreambirds）一書的作者羅伯．尼克森（Rob Nixon）曾仔細觀察鴕鳥，他解釋，「面臨危機威脅時，雌鳥會僵硬地坐下，將細長的脖子平放在地上，很像乾燥的卡魯（Karoo）草叢。這種草，一年中大多呈灰色的乾枯樹枝貌。」

因此，鴕鳥並不是拒絕面對難以逃脫的危險，牠們純粹是想假扮成草叢而已。

22。貓頭鷹能三百六十度扭轉頭部？

有則古老民謠曾說，如果你繞著樹走一圈，樹上的貓頭鷹會看著你繞著樹走，同時扭頭，最後牠的脖子會整個扭轉。嗯……以前的娛樂消遣真的很特別！

貓頭鷹的眼睛無法在眼瞼※中移動，所以牠們必須轉頭。不過，牠們可不會整個扭轉。加拿大鳥類專家大衛・伯德（David Bird，恰好姓「鳥」）教授，在《鳥類年鑑》（The Bird Almanac）中解釋，貓頭鷹有「發展完備的頸椎和頸部肌肉系統」，這讓牠們在轉頭時有非常大的彈性，不過牠們最多只能轉兩百七十度。

註／貓頭鷹有三層眼瞼，眨眼時會收上眼瞼；睡覺會收下眼瞼；第三眼瞼稱瞬膜，開闔時可清潔、保護眼睛表面。

23。螳螂交配後會吃掉伴侶的頭？

螳螂太太惡名昭彰，交配完還會啃食伴侶——這種明目張膽的殘忍行為，經常出現在野生紀錄片中。

然而，根據生物學家湯姆．威可福德（Tom Wakeford）在二〇〇一年出版的《生命聯結》（Liaisons of Life）所述，有很多方法論研究都證實，此種行為在螳螂身上並不常見，這種同類相殘的行為「只有在經常處於陌生高壓環境中才會出現」。

這沒什麼好意外的，當你處於陌生的環境、不怎麼喜歡這種覓食環境，又有奇怪的男人跳到你身上……如果人類也有同樣的「啃頭」能力，我們的反應難道會不同嗎？

博懋學院（Bryn Mawr College）的蜜雪兒．道提（Michele Doughty）做了一個壓力比較沒那麼大的螳螂交配實驗。她在〈雌螳螂：性捕食者還是誤會？〉指出，「三十次交配紀錄裡，沒有任何一例結果是相殘。我們反而發現，不論雄雌，雙方都有精心求愛的過程……牠們會彼此撫摸觸鬚後才會真正交配，是真正的求愛。」

昆蟲學家兼作家梅．貝倫鮑姆（May R. Berenbaum）指出，在心理學家肯尼斯．羅德（Kenneth Roeder）的螳螂行為研究中發現，「大量數據顯示，螳螂之間會有交配後同類相殘的情況……但是，羅德並未指出一定會有啃食頭部的環節。除此之外，他還是第一個承認，這些研究成果確實是在刻意加工的情況下觀察出來的。」貝倫鮑姆也在《蟲說語》（Buzzwords）提到，「後來的研究無法再找到相殘的記錄。」

有趣的是，羅德的理論是：雌螳螂必須啃掉雄螳螂的頭，才能促進射精。顯然此舉並不會阻礙交配，因為雄性的繁殖系統並非由頭部控制，嗯……這不是常識嗎？

24。人睡著時，每年平均會吞下八隻蜘蛛？

這個可怕的都市傳說，無疑讓許多「恐蛛症」患者半夜不敢睡覺。不過，西雅圖伯克博物館（Burke Museum）蛛形綱動物館館長羅德・克勞福德（Rod Crawford）認為，這說法毫無根據。

他解釋道：「對正在睡覺的人而言，要吞下一隻活生生的蜘蛛，會牽涉很多難以想像的困難，實際來看，我們可以消除這種可能性……在任何科學或醫學文獻上，也從未有任何正式紀錄。」令人更心安的是，克勞福德在他的「蜘蛛迷思」網站正式上線十七個月後，告訴我們：「我依舊沒聽到任何人說過，有蜘蛛跑進他們的嘴裡。」

這個迷思，其實早在一九五四年《昆蟲的真相與民謠》（Insect Fact and Folklore）一書中就被破解，作者露西・克勞森（Lucy Clausen）駁斥：人類睡著後會吞進蜘蛛是個謬誤。

那麼，吞蜘蛛的迷思到底是如何成功再次出現在二十一世紀？原來，一九九三年美國電腦雜誌《PC 專家》的專欄作家麗莎・霍斯特（Lisa Holst）在〈相信就讀吧〉（Reading is Believing）文中抱怨，網路上有一大堆「假事實」。霍斯特為了闡明自己的重點，自創數個「假事實清單」，包括指涉克勞森著作的內容不實：人睡著時，每年平均會吞下八隻蜘蛛才對。

想當然耳，此舉引起大眾強烈反應，即使這不是真的，卻迅速在全世界散播。這證實了霍斯特的主張：網路上充斥不實的「事實」。

25。科學已證實，熊蜂根本無法飛行？

熊蜂當然會飛，但這並不是因為牠們展現了奇蹟，而是因為我們本來的假設就出錯了。這項迷思可回溯到法國數學家安德烈・聖拉古（André Sainte-Laguë）在一九三四年的計算。法國昆蟲學家安東・曼紐（Antoine Magnan）在其著作《昆蟲的飛行》（The Flight of Insects）中，採信這位數學家的錯誤計算，他表示熊蜂的體型大小和形狀，使牠們實際上飛不了：「首先，從航空研究角度來看，我將空氣阻力法則應用在昆蟲上，結果得出了與聖拉古先生一樣的結論：牠們是飛不起來的。」

然而，結果證實聖拉古的計算，只有用在如飛機的固定機翼上才可能合理。蜜蜂近似於直升機，會飛速震動翅膀，而也正是這個動作讓牠們不論身形如何都能飛行。

26。鳥媽媽聞到人類味道後，會拋棄孩子？

英國皇家保護鳥類協會（RSPB）嚴正聲明，「觸摸鳥類不會導致其雙親拋棄幼鳥……因為鳥類的嗅覺很微弱，或說根本沒有嗅覺。」生態學家大衛．米澤鳩斯基（David Mizejewski）在其作《如何吸引鳥類、蝴蝶和其他院子的野生動物》中支持這項論點：「成鳥不會因為人類氣味而排斥幼鳥。多數鳥類嗅覺很微弱，根本聞不到人類的氣息。」

根據生物學家瑪琳．祖克（Marlene Zuk），事實上，正是成鳥身上未發展完全的嗅覺，才使牠們經常把別家鳥巢的孩子，誤以為是自己的孩子餵食。

如果發現地上有落單的幼鳥，皇家保護鳥類協會建議，我們不該直接認為牠被拋棄，「最好不要干涉。牠的雙親就在附近，會在幼鳥安全後立刻靠近餵食。」不過，如果那隻幼鳥看起來受傷了，「將牠帶到庇護的地方準沒錯，但也不能離得太遠，以免牠的雙親找不到牠。」

27。蜘蛛會致人於死？

恐蛛症——對蜘蛛感到恐懼的病症，其實很常見，但即使蜘蛛長相邪惡，牠們一般來說都是無害的。蜘蛛專家雷納・佛利克斯（Rainer F. Foelix）在他的《蜘蛛生物學》（Biology of Spiders）中表示，「統計上來看，被蜘蛛咬與被蜜蜂、黃蜂和胡蜂咬相比，較不危險」，這是因為實際上，蜘蛛的毒素是為了癱瘓獵物用。

至於令人聞風喪膽的捕鳥蛛（Tarantula），雖然體型不大，但牠的危險性也比一般所想的低。根據佛利克斯，「以前懼怕蜘蛛毒性的恐懼，已證實是錯的。」

同樣是蜘蛛專家的羅德・克勞福德（Rod Crawford）也同意：「沒有任何一種蜘蛛可以稱得上致命。據我所知，地球上沒有任何蜘蛛會造成人類身亡，即使是被咬到後沒有處理、治療的案例，也僅有十％……被蜘蛛咬到的患者只要獲得治療，因此而身亡的情況，應該說全球非常罕見。」

至於很多「致命」蜘蛛，會使人在數分鐘內動彈不得的說法——克勞福德向我們保證「這只會出現在電影裡」。

○×

Chapter 5

莎士比亞

William Shakespeare

28。《哈姆雷特》中警告：說笑話時，別說太久？

這句名言經常被放在「如何成為好男人」的書籍類型裡，實際出自莎士比亞的《哈姆雷特》（第二場第二幕）。

波隆尼爾大臣（Lord Polonius）對哈姆雷特的母親說：「既然簡扼才是智慧之魂，冗言又是膚淺的矯飾，我就姑且直言：您的兒子已經瘋狂。」

那笑話在哪？其實根本沒有笑話，因為在劇目中，波隆尼爾想表達的不是笑話最好別講太久——雖然這樣講也沒錯。

莎士比亞在十七世紀寫下這句台詞時，「風趣」（wit）這個詞也有「睿智」（wisdom）之意。實際上，我們仍然會使用像是「頭腦愚笨」（slow-witted）、「愚笨」（witless）、「傻瓜」（dimwit）等詞彙，但這些詞語皆無詼諧之意。

「簡扼才是智慧之魂」實際上指的是「有智慧的人，不需要冗言贅語」，所以他快速切入主題，為的是告訴皇后她的兒子已經發瘋。

不過對於熟悉此劇本及其角色的人來說，的確是有這麼一個笑話，笑點就在波隆尼爾大臣確實講了很長的一段話來解釋……

哈姆雷特說：「啊！可憐的約里克，我跟他很熟」？

在《哈姆雷特》第五場第一幕中，丹麥王子哈姆雷特與友人赫瑞修在教堂墓地，他手上拿著國王弄臣約里克的頭顱，一邊遙想著說「啊！可憐的約里克。我認識他呀，赫瑞修。他是最滑稽的人，才氣出眾。」

哈姆雷特當然認識約里克。不過，儘管這段話經常被世人引述，他可從未在劇中說：「啊！可憐的約里克，我跟他很熟」（Alas, poor Yorick. I knew him well）。

29。《安東尼與克麗奧佩托拉》中，指無憂青春的一句話？

如果我們帶著喜悅回想自己「少不更事的時期」（Salad days），那還真不該這樣做。

在《安東尼與克麗奧佩托拉》（Antony and Cleopatra）第一場第五幕中，曾出現這句話：「我年少不更事，無法辨明是非，還冷漠無情，所以才會說出那樣的話！」

克麗奧佩托拉的青春歲月，顯然是指她還懞懂無知、天真且涉世未深的日子，但那段時期並不代表無憂無慮。我們幾乎能感受到，她在回想多年前的自己時有多尷尬。

＜安東尼與克麗奧佩脫拉＞
Lawrence Alma-Tadema 繪
——1884

30。茱麗葉問「你在哪裡啊，羅密歐」，是想找出愛人何在？

《羅密歐與茱麗葉》那幕滑稽的陽台場景（某些演出也真的很逗趣）中，茱麗葉手半遮著眼（即便時間是晚上），站在陽台上（即使劇本是要她「站在窗前」）尋找她的摯愛。

可是，原文裡的「wherefore」意思是「為什麼」而非「哪裡」。這個字的意涵在《凱撒大帝》（Julius Caesar）第一場第一幕的台詞中更可清楚看出：「為什麼如此欣喜（Wherefore rejoice）？是什麼戰役讓他返歸？」此處確實保留了「來龍去脈」的意涵。

茱麗葉並不是想找出愛人在哪裡，其實她甚至不知道他在外面。茱麗葉只是對著窗戶哭喊著「噢，羅密歐，噢，羅密歐！為什麼你是羅密歐？（Wherefore art thou Romeo?）拒絕你的父親，拒絕你的名吧；如果你不肯，那就發誓成為我的愛人吧。那我就不再是卡帕萊特家的人。」

她還繼續哀嘆著：「只有你的姓氏是我的仇敵；但你終究是你，而不是蒙特鳩家的人。」

如果羅密歐不是蒙特鳩家的「仇敵」，那芳齡不過十三的茱麗葉，想必就能有更平順的愛情了。

<最後的吻>
Francesco Hayez 繪
——1823

31。《亨利四世》中，法斯塔夫曾說：「審慎好過勇敢」？

在莎士比亞筆下，這句常被引述的名言是反過來寫的。此句話出現在《亨利四世》第一部（第五場第四幕）中，法斯塔夫（Falstaff）裝死時咕噥說著：「勇敢中更好的部分是謹慎」，他還說，「因那更好的部分，我因而成功解救了自己。」

這段文字遊戲重點是那兩個「更好」，而非「勇敢」。

32。《凱撒大帝》中，「這都是希臘文」代表艱難的事物？

「這都是希臘文」（It' s all Greek to me，亦指一竅不通）通常是面臨太難理解的事物所說的叨念之詞。這句話的正確版本最早在《凱撒大帝》第一場第二幕出現。布魯特斯（Brutus）的同夥之一加西卡（Casca）碰到卡西烏斯（Cassius），問他偉大雄辯家西塞羅在公開集會中說了什麼，但加西卡根本不諳外語，所以說不出來。

卡西烏斯：西塞羅說了什麼呢？

加西卡：他說希臘話啊。

卡西烏斯：那這有什麼關係呢？

加西卡：不是啦，我跟你說，我永遠都不會有你那般的神情。那些理解他的人有時相視而笑，有時一同搖頭，可是對我而言，這些都只是希臘語啊。

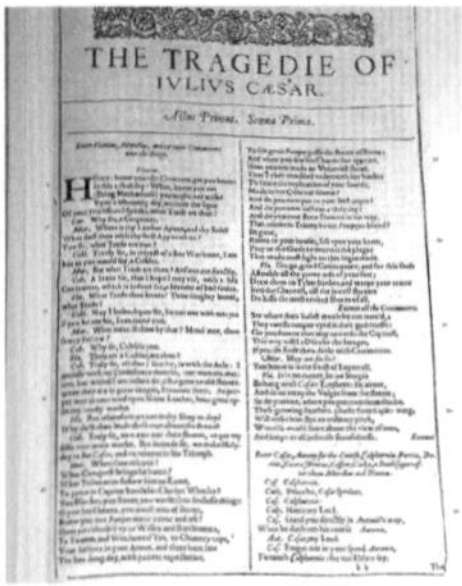
THE TRAGEDIE OF
IVLIVS CÆSAR.

《凱撒大帝》第一頁的臨摹本

1623 年出版

33。《馬克白》的咒語迷思？

在《馬克白》第四場第一幕中，莎士比亞筆下的三名女巫，都希望她們下的咒語能使災禍加倍，她們說的是：「加倍又加倍，勞神又傷身」（Double double, toil and trouble）而不是「啵啵又啵啵，勞神又傷身」（hubble bubble, toil and trouble）。

○×

Chapter 6
風俗與信仰

Customs and Beliefs

34。雅利安人身材高挑、金髮碧眼？

根據印度學講師兼作家艾德溫・布萊恩特（Edwin Bryant），首次提出印歐人是「金髮、碧眼的種族」的言論，其實源於一八七八年德國哲學家蓋格（L. Geiger）。

在《尋求吠陀文化之源》（The Quest for the Origins of Vedic Culture）一書中，蓋格指出，「這些特徵，在有很多外國民族基因混合的地方被稀釋掉，膚色也變深了。印度日耳曼人（Indo-Germanic）因為血統純正，所以保留了原本的金髮特徵。』」

蓋格的論述後來受到納粹的歡迎——一九二九年，納粹的宣傳單上就將「雅利安人」（Aryan）描述成「高挑、長腿、纖瘦、肌膚白裡透紅，擁有絲滑直、捲髮，髮色為金。」

然而，真正的雅利安民族是指「說印歐語言的民族」，且在公元前兩千年，就居住在伊朗和北印度地區。波斯波利斯附近的洛斯達姆（Raqshi-I

Rustam）有座大流士一世的陵墓，上頭宣告「吾乃大流士……終生為波斯『伊朗』人，吾乃波斯之子，雅利安人，身上流有雅利安血統。」

因此我們可以假設，蓋格所謂史前的「金髮、碧眼」雅利安人，一定也都戴有大型的「史前遮陽帽」吧！

35。聖經說「以眼還眼」，所以可以正當復仇？

《大英百科全書》指出，古代巴比倫、聖經、羅馬時代和伊斯蘭法上的「以眼還眼」規定指的是：「應用於私人和家庭事務，為了避免報復行為，通常只要支付金錢或等價物即能了結。」

聖經研究學者唐納．海格納（Donald A. Hagner）在其評作《馬太福音第一至十三章》中指出，「同態復仇（lex talionis）『以眼還眼』不只是限制個人對他人的復仇行為，還正面指導了個人必須或應該要有的作為。」

作家馬克．艾許頓（Mark Ashton）在其作《熱門議題》（Hot Issues）一書中明確表示，「摩西律法中，『以眼還眼』的教條指的是對犯錯者索償須有所限制。」

因此，古代「同態復仇」法律的設計，顯然是為了讓刑罰與罪行相應，確保沒有人因為輕微罪行，而被置於死地。

36。在哥倫布之前，人們都認為世界是平的？

據說，十五世紀義大利探險家克里斯多夫·哥倫布（Christopher Columbus）在探險歸返時宣布「世界是圓的」，結果使眾多牧師驚嚇不已——但其實他們早就知道了。地質學家埃米里安尼博士（Dr Cesare Emiliani）在《地球》（Planet Earth）一書中解釋，早在公元前五百年，「畢達哥拉斯就曾宣告地球其實是個球體。」

西元一世紀，博學家老普林尼在其著作《自然史》中曾提到「地球的形貌」，他指出「我們多半都認同，有關地球的球體……是由兩個極點構築的球狀。」

天體物理學家馬可·拉契澤雷（Marc Lachieze-Rey）也指出，十三世紀英國數學家兼天文學家霍利伍德的約翰（John of Holywood，也就是約翰尼斯·薩科羅博斯可）曾在其作《論世界球體》（On the Spheres of the World）表示，地球「從多方面來看必定是球狀。」

據說是哥倫布的生後肖像
（目前無已證實的哥倫布肖像）
Sebastiano del Piombo 繪
——1519

37。復活節的由來，來自異教女神？

十八世紀的編年史家比德（Bede）曾在《年代的計算》（De Ratione Temporum）中指出，「復活節」（Easter）這個詞彙，源於代表春季與生育的盎格魯薩克遜女神厄爾斯特（Eostre 或 Eostrae）。

但《大英百科全書》反駁了這個說法，「基督徒竭力抵抗所有形式的異教主義，所以這說法相當可疑。」世人則大多認為，「此詞彙取自基督教復活節週，卸白衣主日（in albis）。」

如果你還沒發現這其中的關連，那是因為翻譯上出了錯！德國學者納伯樂克（J. Knoblech）解釋：「對使用拉丁語的基督徒來說，從復活餐宴開始的那一週以往被稱為 hebdomada alba（白週），因為新受洗的基督徒在這週，一律習慣穿上白色受洗袍。有時這一週也會直接被稱為「白衣週（albae）」。

納伯樂克指出，這個字翻譯成德文時被搞錯，變成了複數的「alba」，其意思為「黎明」，所以大家就忘記這個字其實跟白色有關了：「後人將錯就錯改成 Eostarum，即古高地德語的『黎明』。」後來則演變成英文中的「Easter」。

38。神父必須單身？

約翰．坎農（John Ashton Cannon）在《牛津英國史指南》指出：「自基督教早期，即缺乏神父必須單身的資料。」

《中世紀的西方教堂》（The Western Church in the Middle Ages）一書旨在探討教堂發展史，作者約翰．湯森（John A. F. Thomson）寫道，十一世紀時，神父必須單身變成規定，「坎特伯里的阿爾弗雷德．蘭弗朗科（Alfred Langranc of Canterbury）於一〇七六年在溫徹斯特議會中，禁止未來的神父結婚；原已娶妻的神父則不溯既往。」

這項政策於十二世紀才確立，羅伯特．伯恩斯（Robert A. Burns，《第二次梵蒂岡大公會議後的羅馬天主教》作者）曾提到：「兩次大公會議（西元一一二三年）的拉特朗第一公會議和一一三九年的拉特朗第二公會議，將神父單身制訂為教規，自此沿用至今。」

39。異教徒敬拜惡魔、撒旦？

詞典編纂家約翰·艾托指出，「Pagan（異教的）原本是指『固定在地面上的物體、地標』，之後延伸為『定居者』」，但這個字根本與撒旦或惡魔毫無關聯。

《異教歐洲史》（A History of Pagan Europe）的作者普魯登絲·瓊斯和奈傑·潘尼克指出，「『異教』（Paganism）中，並不存在惡魔、顛覆唯一真理等概念。」《大英百科全書》也支持這個觀點，「近代的巫術和新異教主義，不該與撒旦崇拜主義混淆……這些教派敬拜的並非撒旦，而是基督教以前的神祇。」

「巫術界最高女祭司」蘿利·卡伯特（Laurie Cabot），在其一九九四年的著作《歡慶自然之母》（Celebrate the Earth）強調，「我們的宗教中並沒有惡魔或撒旦」。撒旦是猶太—基督教和伊斯蘭教（Judeo-Christian）的概念，與古老的異教儀式毫無關係。

40。進入天堂前的「等候室」是「靈薄」？

「靈薄」（limbo）這個詞其實未出現在聖經中，它源於條頓語的「邊界」之意。根據《大英百科全書》中羅馬天主教神學部分，「靈薄」指的是「天堂和地獄之間的邊境地帶，停留在這裡的靈魂雖不至於受罪，但卻被剝奪上天堂與上帝共享永生之樂的機會。」

靈薄獄的概念可能源自歐洲中世紀。史特拉文卡斯神父（The Reverend Peter M. J. Stravinskas）表示，「根據某些神學家，靈薄是一個區域或地方，為既得不到福音也不需永久受罰的亡魂而存在。不過，沒有任何正式教義提及這說法。」

《天主教必備手冊》（Essential Catholic Handbook）告訴我們，「另一種較常見的神學觀點是，受洗前便逝世的嬰兒無法上天堂，但他們可以在一個稱為靈薄的自然幸福之地永遠生活」，但這種神學解釋也「從未經教會明確教導過」。

靈薄獄似乎通常會與煉獄（Purgatory）的概念混淆，後者是指死亡時獲上帝恩典，對自身罪愆有悔悟之心（但不需贖罪）的亡靈，在進入天堂前淨化的地方。

41。教宗永遠是對的？

在天主教神學中，「教宗無謬誤」（papal infallibility）指的是：教宗針對信仰或道德論述表態時，一定是重申教會或教諭（ex cathedra）賦予的教理（因此絕不可能與之前的指導產生矛盾），他的言語絕對為真，且不得校正。

但其實，教宗的歷史並不悠久。《教宗們的一生》（Lives of the Popes）作者理查德・麥可布萊恩表示，「呼籲召開第一次梵蒂岡大公會議（一八六九至七〇年）的人，是庇護九世（Pius IX），是他制定了『教宗無謬誤』。」

教宗庇護九世的牧徽。

○×

Chapter 7

飲　品

Drink

42。大熱天喝冰啤酒可解渴？

大熱天裡，人們總會拿高溫作為可以一直喝冰啤酒的藉口，但根據艾立克・柯林因伯格（Eric Klinenberg）教授在其作《熱浪》（Heat Wave）表示，「這不是什麼好主意。夏季炎熱的天氣裡喝酒最是危險，因為這會造成脫水。」

許梅林醫師（Dr Robert H. Shmerling）表示，喝冰拉格（Lager）啤酒實際上可能會讓你更渴，「雖然啤酒可以補充水分，但因為酒精會抑制大腦釋出ADH『抗利尿激素』……所以腎臟的保水性就不如飲酒前好」，也就是說，腎臟會讓你流失更多水分。因此若在大熱天喝啤酒，許梅林警告：「很有可能會使你脫水，而非補水。」

43。酒駕是交通意外的主因？

根據英國道路安全活動「THINK!」的調查發現：「二〇〇二年，七%的道路意外傷亡和十五%的道路死亡，都是駕駛人駕車時體內已有超過法定酒精含量而導致。」因此，酒精肯定是英國交通意外的肇因，但英國國家青年署（National Youth Agency）則指出，有其他原因佔了更大比例，「二十%的嚴重交通意外是因為疲勞駕駛導致。」而英國皇家汽車俱樂部（RAC）則表明，「政府研究指出，十%的道路意外傷亡和二十%的高速公路意外，都是因為駕駛開車時睡著所引起。」

「THINK!」補充，「在道路和高速公路上的長途交通意外中，有二十%是因為駕駛開車時睡著引起。」英國皇家事故預防協會（RoSPA）也補充，「在高速公路和公路上的車禍案件中，造成死亡或重傷的有二十五%皆與睡眠不足有關。

這些數據都強調：比起酒駕，疲勞更容易引起交通意外。

44。喝咖啡可以醒酒？

醫療組織 BUPA 指出，「身體只能以固定速率代謝、分解掉酒精。大致而言，大概是一小時一個單位（八公克）。」一品脫啤酒含有兩個單位，所以如果你喝了五品脫，那在血液裡的酒精量歸零之前，你需要十小時才能代謝完。

薩里酒精藥物諮詢服務中心（SADAS）指出，「肝臟代謝體內酒精的唯一重點就是：時間。」咖啡不會加速醒酒，也沒有任何東西能做到。SADAS 表示，「咖啡只會讓你清醒，使你醉得很清醒，而非醉到想睡。」

同理可證，冷水澡會讓你醉得濕搭搭，而繞街角跑步則醉得很疲累。

45。可樂加上阿斯匹靈會使人興奮？

作家弗德列克・艾倫（Frederick L. Allen）在其作《祕密配方》（Secret Formula）中指出，可樂加上阿斯匹靈會使人興奮之迷思，最早可以追溯到一九三〇年代初期，當時伊利諾斯州一名醫生曾向《美國醫學會雜誌》投稿，指出青少年間最近瘋傳「將阿斯匹林溶在可樂中，以便做出『迷幻』飲料，其令人上癮的特性就如『尼古丁成癮』一樣。」

禁止青少年做某事，他們就不會去做，這樣的事情沒發生過！這做法其實根本無效，但多年來，也沒能讓他們打消念頭。

英國BBC第四電台節目《案例筆記》主持人波特醫師指出，混合阿斯匹靈和可樂並不會有極度興奮的效果，反而可能會「消化不良」。藥理學家兼《阿斯匹靈手冊》（The Aspirin Handbook）的作者喬・格雷登（Joe Graedon）完全同意：「你絕對不可能因為喝下阿斯匹靈加可樂而興奮。」

46。品飲紅酒前應先換瓶醒酒，好使其「呼吸」？

品酒的藝術總是神祕莫測。葡萄酒專家珍希絲．羅賓森（Jancis Robinson）在《如何品賞：享受葡萄酒的指南》（How to Taste: A Guide to Enjoying Wine）中評述，「許多品酒者宣稱，有些葡萄酒，特別是廉價的紅酒，如果開瓶後不換瓶醒酒，只單純打開酒瓶任其『呼吸』幾小時，風味會更好。」她更進一步點出，「但在這種狀況下，葡萄酒最多只能『呼吸』到一點點空氣，變化的可能性也難以察覺，因為葡萄酒接觸到空氣的範圍太小，所以任何氧化造成的效果根本微不足道。」

另一位葡萄酒專家奧茲．克拉克（Oz Clarke）在其作《葡萄酒指南手冊》也同意，「科學家已經證實，年輕至半陳年的紅酒在品飲前一小時開酒，根本不會有什麼變化……因為瓶頸內能接觸到空氣的酒液表面太小，難起任何作用。」

換瓶醒酒會比較好嗎？羅賓森指出：「以前的爭論點是為了促進氧

化，因此鼓勵讓葡萄酒的『氣味』延展」，她也引用「備受科學尊重」的教授埃米耶．培諾德（Emile Peynaud）的話，「氧氣溶入好酒所引起的效果通常不太好。」他的建議是：「只需在酒有沉積物，而且只在品飲前換瓶醒酒即可。」

如果在開瓶或換瓶後風味確實提升，羅賓森說這是因為：「廉價紅酒的葡萄酒酒液表面和瓶蓋之間有不好的氣味……而『呼吸』的過程，讓這氣味得以散發出去。」

所以，如果你的紅酒聞起來很香，就能直接從瓶中倒出來飲用，但如果氣味有點不好聞，最好是打開後，讓氣味提升。神奇嗎？我覺得倒蠻合理的。

咖啡的咖啡因比茶還多？

英國茶業協會指出，「一杯 190 毫升的茶，含有 50 毫克咖啡因，比同樣容量的即溶咖啡（其咖啡因含量為 75 毫克）少了 1/3。」

《茶：嗜好、開拓與帝國》（Tea: Addiciton, Exploitation and Empire）的作家洛伊．默克森解釋，「茶葉含有 2% 至 4% 的咖啡因……為咖啡豆的兩倍」，但是因為煮一杯茶需要的茶葉份量較少，因此咖啡因含量會平均比一杯咖啡的含量要少。」

○×

Chapter 8

食物

Food

47。吃巧克力會引發偏頭痛？

巧克力內含的化學成分，例如咖啡因、苯乙胺和可可鹼，都被認為是引起偏頭痛的成分。的確，在一九九一年，紀伯（C. M. Gibb）主持的研究小組發現，四十%的受試者認為他們吃完巧克力後，隨即引發偏頭痛。

不過，雙盲研究的受試者，並不知道自己吃的是否是真正的巧克力（此次實驗使用角豆），所以有不同的結果。一九七四年，研究員墨菲特和史瓦許邀請八十名受試者參與實驗，他們發現「只有十三名頭痛的人，是因為吃了巧克力所引起」，這讓他們總結出一個結論：「巧克力很少是快速導致偏頭痛的媒介。」

一九九七年另一次雙盲研究中，馬克士（D. A. Marcus）的研究團隊發現，在引發偏頭痛或頭痛上，巧克力與替代巧克力的角豆沒什麼兩樣，因此他們認為：「比起患者和醫生一般的認知，巧克力在一般型頭痛、緊縮型或併發性的頭痛上，並不扮演重要角色。」

至於有緊縮性頭痛但沒有接觸巧克力的人呢？發生頭痛前想吃巧克力，可能是頭痛發生的「症狀」，而非原因。英國國民保健署解釋：有些東西你可能以為它是刺激物（比如巧克力），但比較可能的是，就是因為你已在偏頭痛前驅期或早期才因此想吃。這代表偏頭痛在你吃巧克力之前已經蠢蠢欲動，所以巧克力不是導致頭痛的原因。

我現在就開始覺得頭痛了——給我一些巧克力吧！

48。吞下口香糖，需七年才能從體內排出？

一八六〇年代時期，中美洲人以人參果（sapodilla）樹果膠製成了乳膠口香糖，並首度在西方問世，當時口香糖被視為是「無法消化」且「不可吞嚥」的食品。自那時開始，就出現眾說紛紜的可怕傳言，如為什麼會有這種食品，而不是把重點放在本來就不該吞食口香糖。

所以，吞下口香糖真的會對我們造成可怕的影響，留在體內很多年嗎？「胡說八道！」英國 BBC 第四電台《案例筆記》主持人波特醫師如此表示，他估計口香糖排出體內，需要的時間「差不多二十個小時」。

口香糖製造商箭牌解釋口香糖的成分，以便釐清消耗一片口香糖需要的時間：口香糖有五種基本成分——甘味劑、玉米糖漿、軟化劑、香料和果膠基底（讓口香糖可以「嚼」的成分）。前四種成分可以分解，也就是說，在口中一邊嚼就會一邊分解；但果膠基底分解不了。

雖然口香糖本來就不該吞食，但就算真的吞了，它還是能從身體排出，就像吃下爆米花或其他粗纖維的食物一樣，一般來說「幾天」就能消化掉了。

49。「羊雜餡布丁」起源於蘇格蘭？

美食作家艾倫・戴維森（Alan Davidson）在《牛津食品指南》中指出，「第一個製作出羊雜餡布丁的人是羅馬人」。而另一名美食作家萊特（Clarissa Dickson Wright）在其《羊雜餡布丁》一書中則表示，知名的詞源學教授華特・斯基特（Walter W. Skeat）「指出羊雜餡布丁（Haggis）源於斯堪地那維亞，字尾則屬盎格魯—法語。『hag』是斯堪地那維亞語，而斯基特認為這與冰島語中的 hoggva 和 haggw 有關——意思是砍、剁。」

卡塞爾的《世界史辭典》也同意，並指出「haggis」這個字來自古挪威語「hoggva」，意思是「用銳利的武器砍」——與該道料理內餡要剁碎相關。而在《世界起源辭典》一書中，詞典編纂家約翰・艾托認為，haggis 源於古法語 agace，意思是喜鵲，因為「將所有能吃的東西放入餡餅中，近似於貪心的喜鵲——喜歡蒐集飾品、首飾。」由此可知，「羊雜餡布丁」一詞的起源仍具爭議。

50。蜂蜜比糖還健康？

《食物百科全書》的營養專家指出，「天然的糖如蜂蜜、楓糖漿、椰棗糖、糖蜜和濃縮葡萄汁，都是比糖還要健康的食品，儘管這並非那麼正確」，因為「這些甘味劑內含的維生素或礦物質，還比不上普通的白糖。」

倫敦的食品科學與技術學院表示，「蜂蜜其實並沒有特別健康，其微量營養素太少，所以對我們的飲食並不會造成什麼巨大作用。」

《食物百科全書》也警告讀者，蜂蜜可能含有少量的細菌孢子，會產生肉毒桿菌毒素，因此「絕對不能拿蜂蜜來餵食不到一歲的新生兒。」

51。肉不該吃「三分熟」？

肉是否該烹調三分熟？英國食物標準局表示：「一般而言，在所有牛排、肉排和關節中，細菌都位於肉的表面，所以如果表面煮熟，應該就能殺死任何細菌，即使中間可能仍是粉紅色的。這表示你可以吃下整塊切好的牛肉、羊肉，儘管看起來仍是粉紅色或半生不熟。」

比較需要注意的是，絞碎的肉品如漢堡肉和肉腸，皆有不同的調理方法。這些肉品在混絞的過程中，使細菌也被混合入內，所以食物標準局警告：「烹調肉腸和漢堡肉，一定要等到肉汁都流光，肉不再是粉紅色為止。」

同樣的道理，也可應用於禽肉、雞肉、火雞、鴨肉和鵝肉上。

52。菠菜含有大量的鐵，可使人強壯？

一九八一年十二月，泰瑞．漢卜林（Terry J. Hamblin）教授在《英國醫學期刊》上破解菠菜的迷思，他指出此迷思要追溯到一八七〇年，一份馮沃夫博士的研究——當時還沒有打字機，所以馮沃夫得親手紀錄研究數據，結果有天他發現，他發表的研究裡有個小數點放錯了位置，使菠菜含鐵量多了十倍。一九三七年，一群德國化學家修正了這失誤，但為時已晚，大眾已經採信了。而卜派水手吃菠菜會更強壯的傳說，也強化了這個迷思。

菠菜確實含鐵，但營養學專家羅波塔．達夫（Roberta Larson Duyff）在其作《食物民間故事》解釋，「菠菜裡的草酸會與鐵結合，限制鐵的吸收。另外，使人長肌肉的是運動，不是鐵或其他任何營養素。」

吃菠菜並不會讓你變強壯或像卜派一樣抬起重物，它也不是最棒的鐵質來源，但它確實富含維生素A、維生素E和其他重要抗氧化劑。

53。「威爾士兔肉」其實是起司吐司？

根據《現代英語用法辭典》，漢娜·葛雷斯女士（Mrs Hannah Glasse）第一次將「威爾士兔肉」食譜放入《烹飪的藝術》是在一七二五年（同一頁上她也稱此道料理為「蘇格蘭兔肉」……十八世紀時的校對工作，顯然有欠周詳。）

不論我們如何拼寫，事實就是……我們把這道料理取了很好聽的名稱，因為「起司吐司」太無聊了。

○×

Chapter 9

對人有益的東西

Things That Are 'Good' For You

54。喝熱酒，可以驅寒？

天氣寒冷可能不太適合做很多事——這通常是飲用烈酒的好藉口，不過，這可不見得是個好主意。

醫療記者翠莎・麥克涅爾博士（Dr Trisha Macnair）解釋，酒精「會造成血管擴張，使人體流失更多熱能。」換句話說，如果你在很冷的天氣裡喝酒，為了使身體回溫，血液會流到四肢而非重要器官，你可能覺得溫暖（甚至是臉色發紅），但重要的熱能其實分流到了末梢，接著熱能會在感覺寒冷之處快速流失。你感覺到的溫度，其實是從身體流失的熱能，而我們之所以感覺越來越溫暖，其實只是假象。

詹姆斯・威克森教授也指出，過量酒精會使身體發抖（為身體自然的禦寒方式），減少熱能的產生。

求生專家和《戶外百科與野生技巧》節目克里斯・唐森德（Chris Townsend）警告，比起禦寒，「酒精會造成反效果——事實上，酒精甚至會進一步造成低溫。」

因此，大雪紛飛時在山頂上喝幾口白蘭地的主意好像很不錯，但最好還是再等等吧。

55。咳嗽藥已證實有效？

有兩個研究團隊分別研究非處方咳嗽藥的效力。二〇〇一年，施羅德（Dr K. Schroeder）教授的研究小組主張：「沒有明確的證據能證實，非處方藥對急性咳嗽有效或無效。」他們也明確表示「無效的預防用藥，確實能使消費者和醫療業者節省開支。」

二〇〇三年，伊恩・保羅醫生（Dr Ian M. Paul）的團隊則提出以下結論：「因為上呼吸道感染……要讓有咳嗽和難以入睡的孩子在夜晚能舒緩一點，苯海拉明和右美沙芬並不會比安慰劑（假的藥劑）還要有效。此外，與安慰劑相比，孩子們服用的藥物，也無法讓有相同症狀的父母因此改善睡眠。」

英國赫爾大學醫學院院長埃爾琳・莫利斯（Alyn H. Morice）教授也指出，雖然非處方咳嗽藥「有效」改善了咳嗽，「但這效果並不見得比安慰劑來得好。」莫利斯建議，如果要服用非處方咳嗽藥，「成分應該越簡單越好，才能讓副作用降到最低。」

英國胸科協會的理查・羅素醫師（Dr Richard Russell）表示：「在英國，非處方急性咳嗽用藥的銷售金額，目前已接近一年一億英鎊——這些是用於購買藥物的資金，但是卻沒有任何證據顯示其功效。」

這樣聽起來，用傳統的蜂蜜加檸檬配方不僅比較合理，吃起來也比較順口。

56。銅製手環可以改善關節炎？

這個理論是這樣子的：銅製手鍊上微量的銅會沾染到皮膚上，留下青綠色痕跡，可以有效改善退化的軟骨。如果關節炎患者想戴銅製手鐲，那他們手上肯定會有條青色痕跡，因為銅與汗水裡的酸式鹽（acidic salts）起了作用。但這與軟骨退化有什麼關係？

阿肯色州大學醫學院的藍迪・賓德拉博士（Dr Randy Bindra）指出，「戴手鐲時，銅會被肌膚吸收這件事從未被證實過……也從未有相關資料證實這能治癒或逆轉關節炎的影響。」賓德拉還補充，「缺乏銅是非常罕見的，大多數的正常飲食，都能提供每日所需要的銅含量。」

英國關節炎研究運動組織也同意：「有研究已經證實，關節炎患者在正常健康情況下，體內已含有足夠的銅。因此這些手鐲到底有何影響其實相當困難……也沒有其他研究能證實銅製手鐲的效用。」

57。運動最好做到力竭，效果才好？

「沒有痛苦，就沒有收穫」（No pain, no gain）這句格言要追溯到一九六〇年代晚期，當時崇尚健美運動的人，像是阿諾・史瓦辛格皆猶如「舉重鐵人」。如果你認為「沒有痛苦，就沒有收穫」是指需要做出一定的努力，才能達到有效健身——這個想法相當合理，不過若你把這句話解讀為，為達到健身效果，一定要跨州長跑，跑到緊繃的肌肉嚴重發炎，就不對了。

運動教練菲利普・馬佛東博士（Dr Philip Maffetone）曾在其作《馬佛東訓練法》中譴責，這則格言造成太多訓練過度的意外：「根據這則迷思，你必須要感到痛苦、要訓練到極為痛苦，才能獲得運動的益處……有太多人開始運動時就採用明確能塑身的運動方式，結果造成身體受傷，之後再也不想運動。」他還補充，要獲得良好成果並非得折騰自己：「如果你沒有拼命運動，還是能獲得好的成果。比如說，只要每週有五天輕鬆散步三十分鐘，也會有驚人的效果。」

《減重的九大真相》（The Nine Truths About Weight Loss）作者丹尼爾·柯爾森鮑醫師也提到，「沒有痛苦，就沒有收穫」這句格言「不僅不正確，還可能很危險，因為你的肌肉會在重複動作時感覺疲憊不堪，但在運動時，肌肉或關節不該有銳利的疼痛或刺痛感。」

至於珍·芳達※曾說過的「燃燒自己」，根據健康醫療組織 BUPA，「定期的運動遠比激烈運動還要重要……如果你覺得很疼，而且喘不過氣來，那你可能就是運動過度。」BUPA 也指出，「珍·芳達坦承這種燃燒自己的運動方式，並不恰當。」

註／珍·芳達（Jane Fonda），美國女演員。小時候的芳達被父親稱作「胖女孩」，因此她一生都在努力減肥，八〇年代，芳達發明減肥操，風靡全球。

58。天氣寒冷時吃熱食，對身體有益？

當我吞嚥食物時，我喜歡食物的溫度剛剛好——我不想要燙傷自己的食道。我討厭某些早餐穀片廣告，總是不斷推廣要強迫學童吃下熱騰騰的麥片粥。

英國農漁業暨食品部發行的《營養手冊》（The Manual of Nutrition）指出，「熱食的高溫，與人體代謝組成時產生的熱能相比，不算什麼。」該手冊還補充，「在冷天時接收到溫暖，就能有效提振精神」。因此，顯然熱食的健康益處主要是心理層面，純粹是因為我們覺得熱食對我們很好而已。

59。補充大量維生素C，能預防一般感冒？

一九七〇年，美國諾貝爾得主萊納斯．鮑林（Linus Pauling）倡導這個方法可以抵禦一般感冒，今天許多人也非常相信，補充大量維生素C可以預防感冒。雖然目前已有許多大型研究完成測試，但仍舊沒有決定性的數據，能證實大量維生素C確實能預防感冒。美國萊納斯鮑林研究中心的維生素C專家，巴爾茲．弗雷（Balz Frei）教授表示，「目前沒有證據指出，維生素C可以降低一般感冒的發病率或預防感冒。」

一九九一年，卡爾的研究小組進行了「維生素C錠雙盲實驗」，其中九十五對同卵雙胞胎的實驗結果顯示，「除了能將感冒平均週期縮減十九%之外，維生素C並無明顯效果。」

研究學者泰德羅斯．阿瑪尼歐斯（Tedros Amanios）在一九九七年，發表維生素C和感冒的論文時也認為，「在先前研究中顯示，維生素C並不會明顯影響罹患感冒的機率。維生素C顯然未能降低一般人罹患感冒的發病率；它只讓身心壓力很大的人，減少一點罹患感冒的機率。」

堪薩斯大學醫學院藥局的查爾斯．伯恩醫師（Dr Charles Born）則警告，「攝取太多維生素C可能會嚴重腹瀉，這對老人和幼童來說更是另一種危機。」

不過弗雷與卡爾皆同意，不需要丟棄手邊的維生素C，因為只要你確定罹患感冒，「維生素C能將一般感冒症狀的發病期，縮減二十％」。阿瑪尼歐斯贊同，「維生素C可以減緩感冒症狀，因此還是建議大眾感冒期間攝取維生素C。」

60。吸入臭氧，可以促進健康？

在氧氣中釋出電子就能產生臭氧，那味道就像在風大的日子，曬棉被的新鮮氣味。不過，《大英百科全書》描述這種氣味是「即使濃度很低，也是令人作嘔、具爆炸性的有毒、淡藍氣體。」

臭氧對高層大氣（upper atmosphere）而言是很好的氣體，有助於過濾紫外線輻射，但臭氧太靠近城市地面時就不太好，所以「臭氧，越高越好，越低就糟」，儘管你不會相信，但這是空氣清淨機製造商將「臭氧技術」添入產品的行銷手法。

倡導在海邊吸入大量臭氧的說法，得追溯至維多利亞時期的迷信。靠近海岸的空氣，本來就聞起來比較新鮮，因此讓人認為這比較健康。可是，《全國知識應用百科全書》曾向讀者表明（根據軼事所述，後來證實為真）：「吸入臭氧其實相當有害……申拜恩醫師（Christian Friedrich Schönbein）於一八四〇年發現臭氧，並指出他在吸入含有臭氧的氣體後，嚴重受到影響。」

而在《生命與呼吸》一書中，作者尼爾．沙赫特博士（Dr Neil Schachter）則警告，「長時間重複接觸大量臭氧，可能導致肺功能衰退、肺膜發炎，使呼吸愈發窘迫」。因此，不論維多利亞時期的人當時怎麼想，這顯然不可能促進健康。

61。過敏患者最好使用「防過敏枕頭」？

根據研究員坎普發表在《英國醫學期刊》（一九九六年）的研究，「多年來，氣喘患者經常被告知要避免使用羽絨枕，儘管根本沒有證據支持這項論點。」事實上，坎普的研究小組發現，「聚酯填充的枕頭與羽絨枕相比，含有大量 Der p I（塵蟎過敏原）……且 μg Der p I/g（微塵）濃度也更高。」

一年之後，巴特蘭（B. K. Butland）帶領的研究小組發現，「使用非羽絨枕，證實與兒童氣喘明確相關。」

至於其他的過敏類型如花粉症，弗洛許（A. C. Frosh）在一九九九年的研究提出，「使用羽絨枕……顯然不會增加長年性或季節性鼻炎（整年都會打噴嚏或花粉症）的風險。」而與當前的觀點相反，現在已有證據指出，使用非羽絨枕可能會增加風險。

羽絨床包若編織更緊密（好填塞羽毛的設計），也能避免塵蟎在枕頭裡滋生。英國氣喘協會的卡羅蘭．莫耶（Caroline Moye）指出，「雖然有些人對羽毛過敏，但目前並沒有決定性證據指出，合成的『防過敏枕頭』會比合成枕頭要好。」

○×

Chapter 10

希臘人與羅馬人

Greeks and Romans

62。蓋烏斯·凱撒經由剖腹產而出生？

這則傳說，據說得回溯到羅馬政治家 & 博學家老普林尼（Pliny the Elder）——他宣稱，第一個被命名為「凱撒」（Caesar）的孩子，得「先切開母親的肚子，才得以出生」。但已有許多現代資料證實，此資訊並不正確。

在《剖腹術》（Caesarean Section）一書中，蜜雪兒·摩爾博士（Dr Michele Moore）表示，「在麻醉藥和抗生素出現以前，為了使小孩產出，剖腹產只會用於已身亡的母親身上。」而健康研究與社會學資深講師海倫·徹吉爾博士（Dr Helen Churchill），在《剖腹產：經驗、實作與歷史》一書中解釋，「剖腹產手術與凱撒之間的關聯，很可能僅是迷思」，因為「沒有任何凱撒出生時（公元前一百年至前四十四年）以及他出生後其母親是否存活的紀錄。」

婦產科醫師麥可·歐登特在《剖腹》（The Caesarean）一書中表明，

此種手術「並非因為凱撒真的是剖腹出生才得其名」，因為「他的母親奧萊利婭一直同時以顧問身份，陪伴他長大。」因此大家常認為，是老普林尼搞錯了。

這種手術為什麼會取這個名字？原來，凱撒的原文在拉丁語是「切」的意思，而在《當代產科與婦科診斷治療》一書中，德徹爾尼醫師（Dr Alan De Cherney）表示，這個名稱可能來自古羅馬法令「剖宮產律」（lex caesarea），也就是「要埋葬任何分娩後身亡的女性之前，其胎兒一定要從子宮中取出」的法規。

摩爾（Moore）提出與此名稱來源相似的另一個理論：「凱撒的某個祖先可能是因母親死亡後出生……因此將他的名字傳承下來。」歐登特部份同意此理論，他指出可能是「凱撒的祖先熬過手術誕生、存活下來之後才取名，這名字也隨後傳承給後代。」

《錢伯斯詞典》（Chamber's Dictionary）也支持這兩種理論，書中表示，此名稱源自於「拉丁文」的「切」，「根據傳統，由第一個擁有凱撒這個姓氏（羅馬名）者承繼而來。」

所以老普林尼的理論，「第一位凱撒」——而非蓋烏斯・尤利烏斯・凱撒——可能真的是剖腹產出生的。若真是如此，那凱撒之名應是取自於這項手術，「剖腹產」並非因凱撒而得名。

63。亞馬遜人砍掉了一半胸部，好方便射箭？

古文明講師及《古代雅典的女性》作者蘇珊．布倫戴爾（Susan Blundell）指出，古代亞馬遜女戰士「普遍被認為居住在黑海的東南方」，明確指出她們絕非出身於希臘。

據說亞馬遜人會割除右胸，好在戰鬥時更顯戰力，不過布倫戴爾認為，「古典時期沒有任何作家描述過這民族的外表……而在花瓶彩繪和雕像上，亞馬遜人均展露出正常兩邊的胸部。」

《戰爭與兩性》（War and Gender）中，戈登斯坦（Joshua S. Goldstein）教授曾描述亞馬遜女性如何割除一邊胸部，好方便拉弓、射箭，但「大部分藝術作品並沒有表現出這一部分。」

《追尋女戰士》的作者林．維爾德（Lyn Webster Wilde）則明確指出，儘管有許多迷思，但「她們在藝術品上總會袒胸露乳，且通常都是結實、強壯的形象。」

那麼這迷思是從何而來呢？《女戰士》一書中，考古學家戴維斯金博（Jeannine Davis-Kimball）指出，公元前五世紀的歷史學家希羅多德「堅信『Amazon』這個詞起源於兩個希臘字，意思即『沒有一邊乳房』（a即是沒有；mazos是胸脯）。自那時起，Amazon在不同語言就有不同含義：從ha-mazan意思是『共同作戰』，到am-azon指『母親大人』都有。」

古作家裴洛斯特拉都斯（Philostratus）表示，「沒有乳房」可能是指「沒有哺乳」，因為軍隊女騎士會用馬奶哺育自己的孩子，而非親自哺乳。不過布倫戴爾提醒，目前沒有證據顯示切除乳房的女戰士「確實存在過」，所以這個名稱的起源依究不得而知。

至於切除一邊乳房以便射箭這部分……現代女性每天做事（當然包括射箭）也不會因胸部而感到困擾，難道亞馬遜女戰士不也如此嗎？

64。阿特拉斯巨人將地球扛在肩上？

《大英百科全書》記載，根據古希臘詩人赫希俄德（Hesiod），阿特拉斯巨人（Atlas the Titan）向宙斯宣戰因而受罰，後來許多藝術家皆以描繪阿特拉斯舉起「天球儀」，代表他所受的懲罰。

詞典編纂家查爾斯·方克在《其中必有玄奇》（Thereby Hangs a Tale）解釋，十六世紀時，法蘭德斯地圖繪製家傑拉鐸斯·麥卡托用「這些畫作的其中一幅……作為第一部地圖集的卷首插圖」，他稱之為「atlas」，此名稱因此就被用來描述以地圖為主的書。自此就有人認為，阿特拉斯舉起來的球體是世界，但這是錯誤的。

根據《大英百科全書》，「在荷馬的著作中，阿特拉斯似乎是像船的物體，支撐著分隔天地的支柱。」古代的學者也證實了這一點，像是奧維德（Ovid）指出：「我的祖先阿特拉斯撐起了天空」；塞內卡（Seneca:）：「阿特拉斯撐起天空」；賀拉斯（Horace）：「阿特拉斯將天空撐在肩上。」

這裡的關鍵字是「celestial」（意為天空、天國）——阿特拉斯撐起了天國，而非地球。但麥卡托搞錯了嗎？可能也不算。在《麥卡托：畫出地球的人》一書中，地理學家尼古拉斯．克雷恩（Nicholas Crane）引用了麥卡托取書名的事，表示阿特拉斯不是因為撐起了世界，而是「以其博學、仁慈且睿智出名。」

＜阿特拉斯與赫斯珀里得斯仙女們＞
John Singer Sargent 繪
——1925

65。古典雕塑皆以白色岩石或大理石刻成？

根據劍橋古典考古學博物館的發現，「古希臘大理石雕像皆以明亮色彩彩繪，還以金屬寶石裝飾。」古典藝術講師彼得．史都華（Peter Stewart）在其著作《羅馬社會的雕塑》（Statues in Roman Society）揭露，「那些雕塑本身僅有粗略繪飾，以便模擬真實。」

古編年史家普魯塔克、維吉爾和柏拉圖也曾提及這些彩繪過的雕塑。一八〇〇年代，衛城挖掘出來的雕塑中，確實有微量的彩繪痕跡。那麼，為什麼我們會認為古代雕塑原本以岩石或以大理石石刻？

這可能是因為十八世紀時，知名的考古學家兼藝術史學家約翰．溫克爾曼強烈主張，「顏色應該是思考美感時最不起眼的部分，因為形構出作品精華的是架構，而不是它的顏色。」自那時起，就沒人敢說古典雕塑該上色了。

古典考古博物館曾展出一個「穿披肩的少女」複製品，並以原始樣貌呈現，上有藍色和紅色的色彩，但如此符合歷史真相的樣貌，卻不見得受到每個人的喜愛，曾有訪客在留言本裡寫道：「不喜歡那尊彩色的女雕塑。」

讀者可以上「虛擬雕塑藝廊」的網站※，看看古典雕塑原本要呈現出來的樣子，再自行決定好壞。

註／**http: mandarb.net/virtual_gallery/index.shtml**

66。克麗奧佩脫拉女王是埃及人？

《大英百科全書》指出，雖然克麗奧佩脫拉七世被認定為是「埃及豔后」，但她其實是「馬其頓血統，身上毫無埃及人的血」。歷史人物傳記作家波莉·布魯克斯（Polly Schoyer Brooks）明確表示，「雖然克麗奧佩脫拉是埃及豔后，但她其實是希臘人，毫無任何埃及血統。」

埃涅爾·布萊佛德（Ernle Bradford）在《克麗奧佩脫拉》一書表示，「以名號而言，她是第七任埃及皇后，但她身上是否有埃及人的血統就有疑慮了，因為她是馬其頓希臘人。」

我們腦中浮現偉大埃及豔后的形象時，可能是一個留著黑色長髮，上了深色眼妝的女人。不過布萊佛德表示：「關於她的容貌，我們知道的少之又少，除了錢幣和古代作家的描述之外，沒有完全真實的半身像出現。」他也指出，不論是錢幣還是任何作家，都無法證實克麗奧佩脫拉是金髮或深色頭髮，皮膚白皙或黝黑，但他確實表示，錢幣暗示了她有東地中海人的樣貌，所以他認為，「可以合理認為，克麗奧佩脫拉擁有深色頭髮和橄欖色皮膚。」

兒童歷史書籍作家克莉提雅娜・格列葛里（Kristiana Gregory）則有不同的看法，她的研究指出，許多人認為克麗奧佩脫拉的馬其頓血統「讓她皮膚白皙，還可能使她有一頭金髮和碧綠的眼睛。」

查理・裴列格里諾（Charles pellegrino）在《威蘇火山的鬼魂》（Ghosts of Vesuvius）書中更進一步指出，她有一頭「火紅色頭髮」。

儘管我們永遠無法確認克麗奧佩脫拉皇后的髮色，但可以確定的是，她不是埃及人，而是馬其頓希臘人的後裔。

安東尼（左）和克麗奧佩脫拉（右）的錢幣。

67。羅馬競技場上，拇指向下代表死亡？

每個人都知道拇指往下代表「不好的」或有負面意涵，而拇指向上的手勢則是「好的」，但這兩種眾所皆知的手勢，在羅馬時代卻有不同的含義。

羅馬人在角鬥競技場上，確實會用手勢來表達他們的希望：羅馬諷刺作家尤納維利斯（Juvenal）曾記載，角鬥士的獲勝與否以手勢表達，「群眾用拇指比出手勢，『拇指向下』決定對手能否活命」。詩人普魯登修斯也提出類似的觀察，但他與尤納維利斯皆未提到拇指比劃的方向。

詞典編纂家查爾斯・方克指出，十九世紀法國畫家讓・里昂・傑洛姆的《角鬥士》（Pollice Verso）可能要為拇指向下負責，「現代大眾認定 pollice verso 即是『拇指向下』」。該幅畫作（見下頁）描繪了座無虛席的羅馬角鬥士競技場，幾個嗜血的修女往下看著競技場，紛紛比出拇指向下的手勢。方克進一步說明，「拇指比劃」可能是「匕首指向某人或準備刺向敵人」的手勢。比如他以搭便車的手勢來比喻，「用拇指比向想前進的方向。」換句話說，羅馬人的「送他一程吧」可能更接近於「讓我們搭便車」的手勢。

《手勢實地指南》（Field Guide to Gestures）的作者南希・阿姆斯壯和梅莉莎・瓦格納以新研究指出，「事實上，羅馬人會把拇指藏起來，比出閉合的拳頭，表示饒過角鬥士，而拇指露出來的手勢則表示殺死他。」古典學專家艾立克・尼爾森（Eric Nelson）也同意，「當我們用拇指向上表示『做得真好』或『沒錯』的意思時，羅馬人拇指向上可能指的是『Jugula！（劃開他的喉嚨！）』。」

讓・里昂・傑洛姆《角鬥士》（Pollice Verso）
場邊的觀眾紛紛以拇指向下比劃。

68。羅馬鬧火災時，尼祿正在拉小提琴？

有個說法是：羅馬皇帝尼祿在公元六十四年縱火，以便省略過多的繁文縟節，按照自己的喜好重建羅馬城。不過，要說尼祿在羅馬大火時把玩小提琴就有點太誇張了，因為當時小提琴根本還沒被發明出來。

有人會說這裡的「小提琴」（fiddle）實際上是七弦琴，而二世紀的羅馬編年史家卡西烏斯．狄奧確實也有此記錄：「尼祿爬上宮殿屋頂，那裡可以看到火災最壯觀的景象，接著他搖身一變成琴師，唱了〈攻克特洛伊〉。」

一世紀羅馬編年史家塔西佗指出，「有謠言四處流傳，在整座城市陷入祝融之災時，皇帝竟然出現在私人劇院裡，唱和著特洛伊的隕落滅亡。」確實，塔西佗的說詞通常會被引用來證實尼祿之罪，不過在他更早以前的描述中，他指出大火起因「並不確定」。他也寫道，一開始發生大火時「尼祿在安齊奧」，還描寫皇帝返回羅馬時命人搭建緊急庇護所，發送食糧，玉米作物的價格也降至四分之一，每磅一個塞斯特斯幣，好幫助無家可歸的人民。不過，因為有這些謠言，「這些德政儘管受到大眾歡喜，仍沒有人表示感謝」。

《大英百科全書》中記載，大火期間，尼祿人在安齊奧的別墅裡，距離羅馬三十五哩遠，因此不可能是他放火燒羅馬城。古代歷史專家斯庫拉（H. H. Scullard）指出，「不論是哪種說法（縱火或在大火發生時跳舞助興）都不可信：如果他（尼祿）真的希望摧毀羅馬，他就不可能選擇在月光明亮的夏夜行動，因為縱火行動小組根本難以隱藏。」斯庫拉在《從格拉古兄弟到尼祿》（From the Gracchi to Nero）明確表示，尼祿當時很快地從安齊奧趕回羅馬，「協助滅火，實行許多積極方針，解救無家子民。」

但比起感謝尼祿在大火後積極迅速重建城市，羅馬人民卻質疑他的真實動機，還有許多不利於他的謠言流出。眾所皆知，尼祿殺死自己的母親阿格里皮娜和妻子屋大維婭後，他發現自己永遠擺脫不了這些血腥的過去，儘管他頒布良政，但終究不被懷疑他的人民信任。

羅馬帝國第五任皇帝尼祿的頭像，
西元 37 年 -68 年，享年 30 歲。

Chapter 11

歷史事件

Events from History

69。「初夜權」是領主能與奴隸之妻共枕一晚的權益？

「初夜權」或稱「領主權」，也另有「大腿權」（droit de cuissage）一說。根據《大英百科全書》，初夜權「在中世紀歐洲就已存在」。此名稱在十六世紀文學中第一次出現（電影《英雄本色》也曾詮釋這個環節），據說最早源自拉丁文的「jus primae noctis」（意為初夜權）。

不過在《領主的第一夜》（The Lord's First Night）一書中，作者阿倫．博羅（Alian Boureau）宣稱此權利不曾存在於中世紀的法國：「每次我們想找出相關資料……但在我們得到的史料中，皆無跡象指出這些說法，在法律或法案中也未有任何提及。」

十九世紀德國歷史學家卡爾．施密特（Karl Schmidt），在一八八一年探討相關主題的論文中提出一個結論：這是「學問上的迷信」（learned supersition）。根據歷史學家伊莉莎白．艾伯特在《獨身史》（A History of Celibacy）一書中所述，應該是早期基督教牧師（神父）建議新婚夫婦「以貞潔歡慶……第一夜一定要，之後的三、四夜最好也是如此。」新婚夫妻可以拒絕此建議，但他們必須要支付一筆錢給教堂。同樣的，封建領主有時也會向新郎索取費用，好讓他能順利圓房，艾伯特認為，「這可能是初夜權和之後領主權迷思的源起」。

唉，有些人就是不論怎樣，都會想盡辦法課稅……

70。巴士底事件發生時，釋放了數百名牢犯？

一七八九年七月十四日，巴士底監獄（更準確來說，是聖安托萬監獄）的攻佔象徵了法國大革命的開始，但實際上當天釋放的牢犯人數，遠比大家以為的還要少：當時監獄裡只有七人。

其中四名被判偽造貨幣罪、兩名心理不正常，其中一個囚犯還是聽從家裡的囑咐，才待在巴士底監獄的——他是巴提斯特．塔維尼耶爾（Jean-Baptiste Tavernier），因此當時那裡比其他庇護所還舒適。

至於第七名受家族之命待在巴士底監獄的，還有索拉傑伯爵（Count de Solages）——他是薩德侯爵的朋友，根據法國歷史學家兼《十八世紀的法國貴族》作者蓋．蕭席南諾加雷特（Guy Chaussinand-Nogaret），這位伯爵因「犯下殘暴之罪，終身監禁也不為過」，因此坐牢。

在巴士底監獄被攻陷後，四名偽造犯被重新逮捕關押，兩名瘋子也回到了沙朗通的庇護所，只有索拉傑伯爵重獲自由。歷史學家西蒙．沙瑪

（Simon Schama）在《公民》一書中表示，「在他後來對親人感到愧疚而消失之前……他還曾免費下榻於盧昂酒店。」

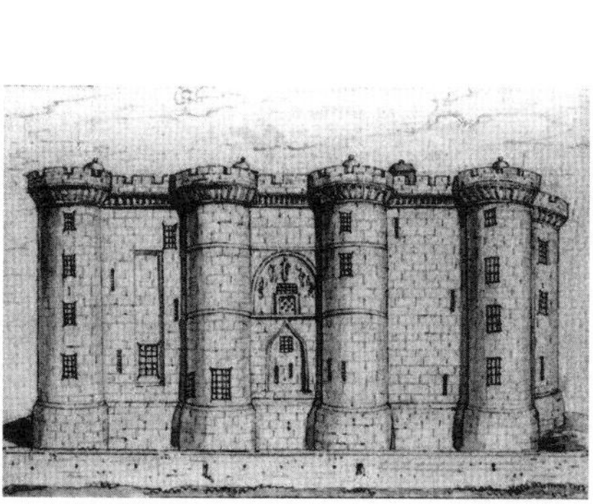

巴士底的東邊視圖，作者不詳，約 1790 年。

71。貢多拉被漆成黑色，因要運載黑死病屍體？

黑死病在一三四七年至一三五一年間襲捲歐洲，但根據《大英百科全書》，這之後又過了兩百多年，原本「彩色有華美裝飾」的威尼斯貢多拉（Gondola）船，才開始被漆成黑色。

貢多拉保護及貢多拉船夫指導中心指出，「船身漆成黑色是為了紀念黑死病的傳說，毫無根據。」那麼船身更換顏色的真正原因，又是什麼？

顯然這是因為當時通過了「禁奢法」（限制奢侈消費）來調整其外觀。十七世紀，威尼斯貴族會互相較勁，每人都希望自己的貢多拉是最華麗的，但當時這些貢多拉船上的裝飾肯定帶來了不祥，因為根據貢多拉製造商湯姆．普萊斯（Thom Price），為了停止這些炫耀競爭，「總督於是頒布一項法令……下令所有貢多拉都要漆成黑色。」唯一不受此法限制的貢多拉船，只有達官顯要的船隻。

貢多拉中心進一步補充，「黑色（船身）……如何成為所有威尼斯船隻的特徵？這是因為使用了瀝青來防水。」普萊斯同意，並說貢多拉船「本來就會塗瀝青好讓船有防水功能，而因為瀝青是黑色的，所以船隻就變成全黑的了。」

72。在美國舊西部世界裡，六輪手槍能射出六發子彈？

看西部電影時，我父親總喜歡計算手槍發射出來的子彈數，好確認是否真的沒有槍手一次擊出超過六顆子彈。不過，顯然美國舊西部時期的專業槍手，每次補充子彈前，只能擊出最多五發。

親自參與「O.K. 牧場槍戰」事件的舊西部警長懷亞特．厄普（Wyatt Earp）曾在一九二八年接受當時的作家史徒華．雷克（Stuart N. Lake）訪問，「我常被問到，為什麼所有技術高超的槍手明明槍裡有六發子彈，卻在沒有重新裝填子彈下只能擊出五發。答案其實就是安全考量而已。因為槍槌會落在空彈膛的上方，所以要確保手槍在皮套裡不會突然走火，一觸即發。」

換句話說，這些槍枝沒有安全栓，如果一把槍裝了六顆子彈，那輕輕一碰槍槌，就可能會使手槍在皮套裡走火，而射到自己的腳。

73。鐵達尼號的船主稱其「永不沉沒」？

這艘命運多舛的客船，因為曾被船主信誓旦旦說是「永不沉沒」的船而出名，但它真的名符其實，永不沉嗎？

在《鐵達尼號》一書中，邁可．戴維（Michael Davie）寫道，一九一二年菲力浦．吉布斯爵士（Sir Philip Gibb）提到《鐵達尼號的不死故事》手冊，該手冊指出，船主提到船上絕對防水的艙壁「基本上能讓船沉不了」。歷史學家、《永不沉沒》一書作者丹尼爾．巴特勒（Daniel Allen Butler）也指出，「享譽盛名的英國期刊《造船家》（Shipbuilder）作者群，曾列出實際上沉不了的船清單」。「實際上」（practically）這個詞，後來也被用於鐵達尼號的相關書籍中。

這範例可以給所有賣弄學問的文法家一個教訓，有時修飾語應該要予以保留。

鐵達尼號於英國南安普敦港出發，1912年4月10日。

74。婦女團體成功以激進行動，贏得女性投票權？

一九〇三年，艾米琳・潘克斯特（Emmeline Pankhurst）創立了英國婦女社會政治同盟，這群爭取婦女參政的組織，在其後十一年越來越激進，但卻沒有多大的進展。根據倡導女性參政的費賽特（Millicent Garrett Fawcett），該組織「最大的敵人，是首相阿斯奎斯」。事實上，根據歷史學家西恩・朗（Sean Lang），一九一四年以前，「該團體所做的一切努力都沒有成功，政府當時並未賦予婦女投票權。」

第一次世界大戰開始時，爭取婦女參政的團體開始投入戰事，而非搶頭條的激進行動，按《大英百科全書》所述，「她們的努力確實讓大眾全心認同女性參政」。一直到一九一五年，阿斯奎斯似乎也有所動搖了。在《婦女參政與投票》中，歷史學家斯奈葛洛夫（L. E. Snellgrove）引述了阿斯奎斯曾說的話：「戰爭告終之時，女權之聲若未被聽見……我可是聽見了。」

歷史教授尼柯麗塔・葛萊思（Nicoletta F. Gullace）在《吾子之血》中表示，「阿斯奎斯向表現英勇、捍衛女性參政權的婦女致敬，尤其向強悍士兵們展現出最高尚勇氣的艾迪絲・卡維爾。」（她為國家奉獻生命，當然比一九一四年捍衛女權者瑪莉・理查森用斧頭劃破國家藝廊作品還要勇敢）。

一九二八年，就在這群女權者發起運動的二十五年後，所有年滿二十一歲的女性終於獲得了投票權。歷史學家兼《現代英國》作者約翰・艾爾文（John L. Irwin）總結，「戰爭期間，女性參與各種活動，遠比她們為了反抗政府而遊行還有效。」

歷史或許未將戰時女性工作者描繪得比捍衛女權者要生動，但她們肯定是促進女性參政的真英雄。

75。倫敦大瘟疫因大火而消停？

《大英百科全書》記載，「倫敦大瘟疫的消失，是因為一六六六年九月的大火，但其他城市的疫情也因此停止。」

倫敦大學歷史學家加斯丁．強皮恩博士（Dr Justin Champion）證實，就瘟疫消失這方面，瘟疫影響的地理範圍和火災地點並不相關，因為「大部分的死者都是來自城牆東、北、南方的窮困鄉區」，與火災地點有相當大的距離。

曾任倫敦博物館館長的賽門．特爾利（Simon Thurley）完全認同：「一六六六年的倫敦大火，絕對與『倫敦大瘟疫終止』無關，因為大火的地點位於城內，而被瘟疫影響的大部分地區（由北到東）根本沒碰上火災。」

一六六五年後，倫敦大瘟疫到底如何消失？這始終是個謎團，強皮恩表示：「病菌的變異、飲食健康的改善、建築環境的更迭，可能也有關係」。《大英百科全書》則指出，「英格蘭地區瘟疫的終止，是自然發生的結果。」

76。「興登堡號」飛船，因為氫氣燃燒而爆炸？

一九三七年五月六日，德國齊柏林飛艇「興登堡號」（Hindenburg）試圖在美國雷克赫斯特海軍航空站降落時，起火燃燒。在意外發生之前，這個型號的齊柏林飛船有非常完美的飛安紀錄，根據《大英百科全書》，一次可以完成近一百小時的航程。

《曼徹斯特衛報》曾寫過一篇報導，指出「酒吧和吸菸室有九幅畫，展示了過去比空氣還要輕的飛船，其中一個是一九〇〇年第一艘齊柏林飛船。」雖然奇怪，但飛船上真的有吸菸室。意外發生之後，全世界都在嘲笑飛船設計師的愚蠢，竟然利用容易爆炸的氫氣讓飛船升空。不過這番嘲弄可能放錯地方了。

NASA 科學家艾迪生・貝恩（Addison Bain）與物理學家厄爾奇・施密德森（Ulrich Schmidtchen），研究了當時的意外調查檔案，內容中表明：「船身包覆材料在靜電漏電時，會有很高的易燃性——這才是真正的起火原因。」

這項證據讓貝恩與施密德森相信，該起災難與飛船上的氫氣無關。他們認為主因是，「飛船外殼色漆上的化學與電子成分，與意外當天的氣象條件有關。」

化學家兼《化學解祕》作者琳達．威廉姆斯（Linda Williams）也同意：「靜電使船身布料上的含鋁光漆著火，並且點燃了船內的氫氣。」

貝恩和施密德森指出，除了天然氣或丙烷等氣體，其實氫氣不算麻煩，因此「與氫氣相關的風險，也不可能很大」。打造出悲慘「興登堡號」的設計師並不是選錯氣體輔助升空，只是用錯色漆塗料而已，但總的說來，他們也不能說是完全毫無過失。

雖然這起災難非常可怕，可是仍有三分之二的乘客和飛船組員幸免於難，許多人在飛船快墜落到地面時跳窗求生。船長厄尼斯特．雷曼（Ernst Lehmann）對於事故後續的咎責只說了「我還是不懂」，隔天他便逝世。

Chapter 12

被錯誤引用的格言

Questionable Quotes

77。約翰．甘迺迪在柏林演講上，自詡為「甜甜圈」？

在英國 BBC 第四電台《來自美國的信》（Letters from America）中，偉大的艾里斯泰．庫克（Alistair Cook）曾談到甘迺迪口誤但仍展現雄辯之才的演說趣事：

> 我大概就跟無數民眾一樣，看著電視上的畫面，被人群中傳來的奇怪聲音嚇了一跳，那是即刻發出的爆笑聲，但兩秒左右就轉變成全場大聲歡呼……甘迺迪堅定地宣告：「我是果醬甜甜圈——我是柏林人（Ich bin ein Berliner）！」

在德語中，描述誰是哪裡人的句子，往往會省略不定冠詞（ein），因此甘迺迪要說的應該是「Ich bin Berliner」，但他這番演說真的是指他來自柏林嗎？根據德語語言學教授約爾根．埃霍夫（Jürgen Eichhoff），「『Ich bin ein Berliner』是德文裡唯一正確的表達方式，總統本來想表達的並非『我來自柏林』（他的美式口音太重，當然不是來自柏林），其實是『我與柏林人民同在』。」

那麼「柏林人」（ein Berliner）也是某種果醬甜甜圈嗎？埃霍夫指出，在柏林市以外的地區，「柏林人」確實是一種甜甜圈，但在柏林市內，這種甜甜圈被稱為「Pfannkuchen」（果餡甜甜圈）。

嚴格來說，「Ich bin ein Berliner」這句話確實可以翻成「我是甜甜圈」，但這種翻譯就類似有人宣稱自己是威爾士人（Wales，諧音同 Whales，鯨魚之意），結果帶來幾隻大型海洋哺乳類動物一樣。埃霍夫認為，「在當時的情況下，群眾很有可能把『柏林人』解讀為果餡甜甜圈了。」

庫克提到的那陣歡呼，又該如何解釋？這很有可能是因為，甘迺迪說了一個只有在場觀眾才聽得懂的笑話。他的隨身翻譯覺得有必要將「Ich bin ein Berliner」這句翻成德文時，甘迺迪停頓了一下後表示：「感謝我的翻譯，幫忙翻譯我的德文。」其實是這一句話才讓眾人大笑。後來這位美國總統就以這句與柏林人有關的話作結：「因此，身為自由人的我，為

『Ich bin ein Berliner』感到與有榮焉。」

所以根本沒有什麼尷尬的沉默時刻，群眾的歡聲鼓舞是即刻響應的。之所以會有這個迷思，可能源於一九八八年四月《紐約時報》，一篇題為〈我是果餡甜甜圈〉的文章，內容主張群眾當時笑的是那句話，而非該則笑話※。

註／如果你認為群眾笑的是他用的字，可以到「美國修辭學」網站，聽聽這段演講後，再自行判斷。**http:www.americanrhetoric.com/speeches/jfkberliner.html**

78。瑪麗・安東尼曾說：「那讓他們吃蛋糕」？

法國哲學家盧梭，在一七三六年所寫的《懺悔錄》第四冊裡曾說道：「我想起某位崇高公主的輕率言語，當時她得知農民沒有麵包能果腹時，竟然說『那他們就吃酥皮點心啊！』」。

在這段引言中，盧梭並沒有提到瑪麗・安東尼（Marie Antoinette）的名字，因為一七三六年時，瑪麗・安東尼年僅不過十九，可以直接排除是她說這句話的可能性。

此外，根據歷史學家安東尼雅・佛雷瑟夫人（Lady Antonia Fraser），這句話不僅「無情還無知」，瑪麗・安東尼「根本不是如此」。在她撰寫的傳記《瑪麗・安東尼》中，佛雷瑟指出「這句話其實比她還要早一百年出現，由路易十四的妻子瑪麗・泰蕾斯（Marie Thérèse）所言。」

而這句話的原文「Qu'ils mangent de la brioche」一般譯成「那讓他們吃蛋糕」，引起了更誇張的臭名聲。《牛津食品指南》的作者艾倫・戴維森解釋，「十八世紀時的布里歐麵包（brioche）僅僅多了一點油（使用適量的奶油與雞蛋製作），所以與一條好的白麵包相差不遠。」

<瑪麗．安東尼>
Martin van Meytens 繪
——1767

79。達爾文是首位說出「適者生存」的人？

雖然達爾文與「適者生存」這句話最有關聯，但這四個字可從未出現在他的任何著作中。事實上，最早說出這句話的人是赫伯特·斯賓賽（Herbert Spencer）。《大英百科全書》指出，這位十九世紀英國社會學家與哲學家，「是進化論早期的倡導人」。

政治學教授大衛·威恩斯坦（David Weinstein）在《平等自由與實用》一書中指出，斯賓賽宣稱「他是第一個使用『適者生存』這句話的人」。這四個字確實首度出現在斯賓賽一八六四年的《生物學原理》中，之後過了五年，達爾文的《物種起源》才問世。

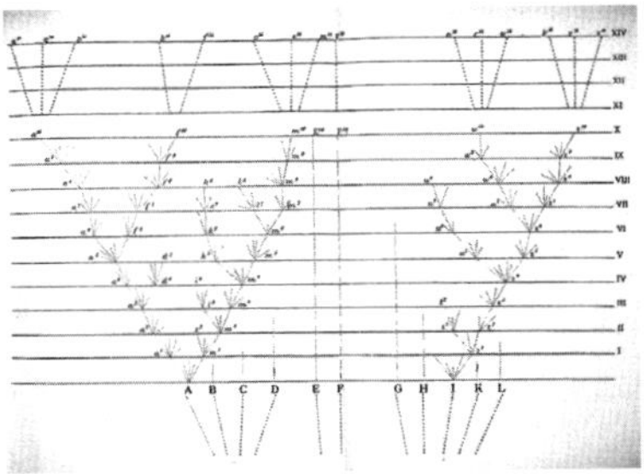

《物種起源》一書中的唯一插圖生命之樹，用於解釋物種分化。

80。夏洛克・福爾摩斯曾說：「這很基本啊，親愛的華生」？

這句夏洛克・福爾摩斯的名言，其實並未出現在任何一本亞瑟・柯南・道爾寫的系列作品裡。事實上，福爾摩斯只說過「基本」（Elementary）這個詞。

根據英國「Said What」網站，這句「這很基本啊，親愛的華生」首次出現在一九二九年十月十九日《紐約時報》的一篇影評文章。有趣的是，儘管許多電影版本中的福爾摩斯都戴著獵鹿帽，但小說中的福爾摩斯從未有過這個形象。這套裝備其實是插畫家席尼・佩傑特（Sidney Paget）為《岸濱雜誌》作畫時，另外加上去的。

一知半解最危險？

大家都知道這句話：「一知半解最危險」（A little knowledge is a dangerous thing），但英國詩人兼諷刺作家亞歷山大・蒲柏（Alexander Pope）在一七一一年的《論批評》中，寫的其實是「學習太少很危險」（A little learning is a dangerous thing）。前者是知識，後者是學習。

○×

Chapter 13

歷史人物

Historical Figures

81。亞伯拉罕・林肯是廢奴主義者？

一八四〇年代，很多美國人認為奴隸制度嚴重違犯人權，應該要立即廢除，不過歷史學家詹姆士・麥可費森（James M. McPherson）指出，亞伯拉罕・林肯卻不是主張廢奴的人之一。

麥可費森在《泣訴自由之戰》（Battle Cry of Freedom）中引述了林肯的話，「為了捍衛制度集結南方，『廢奴制度不僅未能減少邪惡，反而更加惡毒。』」確實，亨利・康馬傑（Henry Steele Commager）所著的《美國內戰》收錄了一張一八六四年的宣導海報，上面引述林肯的一番話：「我的終極目標是挽救聯邦，而非解救或摧毀奴隸制。」

前總統演講稿撰稿人&政治學講師詹姆斯・休姆斯（James C. Humes）曾在《林肯的智慧箴言》裡證實此事：「儘管林肯成了共和黨員，他依舊不是廢奴者，即使他確實獲得廢奴主義者的大力支持。」

在一八五八年的辯論會中，林肯曾這樣描述黑奴：「他與我在很多方面都不同——或許道德觀或智識才賦相當，可是膚色絕對不一樣。若說自食其力，他靠自己的雙手而不依靠其他人，那他跟我一樣，而且……與活著的所有人都一樣。」

或許林肯認為種族融合在十九世紀中葉並不可行，或者說，他身為運籌帷幄的政治家，為了贏取選票而對此表現出「溫和」而非「激進」的態度。他確實在一八六三年的《蓋茲堡演說》中，以「所有人皆生而平等」呼應了一七七六年的《獨立宣言》，並且認為「民有、民治、民享的國家，將在世上永存。」

普立茲獎得主、《再評林肯》一書的作者戴維·唐納德（David Herbert Donald）認為，林肯相信「奴隸制就道德來看是不對的」，但「他不確定如何才能真正矯正」，因此顯然這位美國總統確實「並非廢奴主義者」。

82。班傑明・迪斯雷利是英國唯一一位猶太人首相？

班傑明・迪斯雷利（Benjamin Disraeli）十三歲以前都是猶太人。根據《大英百科全書》記載，他是「義大利猶太人後裔」，因為他父親曾在一八一三年，與貝維斯馬克斯猶太會堂起了糾紛，四年後，他決定讓班傑明和其他兄弟姊妹受洗為基督徒。自那時起，年輕的迪斯雷利就成了聖公教教徒。

一八五八年以前，猶太教徒不能加入國會，因此他父親當時的決定，讓迪斯雷利得以走上可以拉攏更多人的事業路線——六十四歲時，迪斯雷利成為首相。根據傳記作家羅伯特・布雷克（Robert Blake），迪斯雷利「對於猶太教與基督教之間的關聯很感興趣」，他還曾對維多利亞女王說，「我是新約聖經與舊約聖經之間的空白頁。」

因此，迪斯雷利究竟是不是英國第一位猶太裔首相？這還有待商榷。

83。一個男孩用手指堵住堤防破洞，拯救了荷蘭？

這位英勇的少年在荷蘭斯帕恩丹（Spaarndam）有座紀念雕像，上頭銘文寫著：「獻給我們的年輕人，紀念那個象徵抵禦荷蘭大水的人。」

奇怪的是，這段銘文並未寫出少年的姓名，很有可能是因為他根本從未存在過。「象徵」這個詞選得很巧妙，因為漢斯．布林克（Hans Brinker）的故事不僅是虛構的，起源也並非荷蘭。

十九世紀，美國作家瑪麗．道奇（Mary Mapes Dodge）在童書《漢斯．布林克或銀色溜冰鞋》中，將此事件描繪成荷蘭的民間故事：一名荷蘭男孩在狂風暴雨之夜，整晚用手指堵住堤防破洞，使整個地區免於水患。事實上，道奇在寫這部作品時從未到過荷蘭，而漢斯和格列蒂的名字，顯然是參考了德國格林兄弟的故事。《漢斯．布林克或銀色溜冰鞋》於一八六七年被翻譯成荷蘭語時，加註了一行字：「這則故事是作者以自身觀點而著」。

可是為什麼要建造一尊雕像，來紀念根本不存在的英雄呢？顯然是因為外國遊客抵達斯帕恩丹時，常常因為找不到堤防和荷蘭男孩而失望，因此在一九五〇年，荷蘭觀光局就蓋了一尊雕像。一九五四年，荷蘭作家瑪格黎特・布瑞金（Margreet Bruijn）還改寫了整個故事。

至於堤防可免除水患的事，荷蘭民族學家提歐・梅德（Theo Meder）解釋，荷蘭沿岸城鎮主要都有土丘阻隔，內陸地區才會使用堤防來隔開河流和湖泊：「大水來的時候，泥土會浸濕，而堤防建築……光靠一根手指堵著，根本幫不上什麼忙。」

我們該給瑪麗・道奇一個大肯定！因為她的故事獲得如此廣大的迴響，而荷蘭觀光局的「對策」，也使這受人歡迎的傳說得以永垂不朽。

84。希特勒是「素食主義者」？

一九三七年五月三十日，《紐約時報》有篇文章提到：「希特勒是知名的素食主義者，而且不菸不酒。他的午餐和晚餐內容有：濃湯、雞蛋、蔬菜和礦泉水，不過他偶爾會吃一點火腿。」呃……所以是素火腿嗎？

傳記作家羅伯特・潘恩曾在《阿道夫・希特勒的生與死》（The Life and Death of Adolf Hitler）指出，希特勒「常常喝啤酒和薄酒，而且還特別喜愛巴伐利亞肉腸。」希特勒以前的侍從薩瓦多雷・保黎尼（Salvatore Paolini）證實：「總的來說，他不怎麼吃肉……但他確實喜愛肉腸和火腿。」一九三〇年代晚期，希特勒經常造訪漢堡一家餐廳，曾在該餐廳任職的廚師狄奧尼・盧卡斯（Dione Lucas）表示，他最喜愛的一道菜是「填餡乳鴿」。

嗯……希特勒顯然是個會吃雞肉、香腸和火腿的素食主義者。

85。喬治・華盛頓砍了櫻桃樹、裝了木假牙？

艾倫・麥特卡夫（Allen A. Metcalf）在《總統之聲》堅持，喬治・華盛頓從來沒有裝過木假牙。他表示，「華盛頓一生使用的六組假牙中，牙醫約翰・格林伍德就做了四組，其中包括上排支撐假牙的金色牙床……下排象牙磨製而成的假牙，還有用河馬骨骼製成的八顆人類假牙牙床」。麥特卡夫還補充，「他的假牙從來沒用木頭製作過，因為唾液會使木頭容易腐爛。」

曾在一七九六年為華盛頓畫肖像的吉爾伯特・斯圖爾特（Gilbert Stuart）表示，「華盛頓口中的假牙使得他說話有困難，所以嘴巴才會那麼引人注目。」

這副下排假牙如今陳列在「山謬爾哈利斯博士牙科國家博物館」，而紐約的「佛朗西斯客棧博物館」也展示了華盛頓假牙的標本。

至於櫻桃樹的故事，年輕的華盛頓想要試試新斧頭，所以就砍倒了父親的櫻桃樹。當父親問他時，他則說了那句名言：「我不能說謊，是我砍倒櫻桃樹的。」

不過《大英百科全書》指出，這則故事最早源於美國神父兼流動書商帕爾森．威姆斯（Parson Weems），「此故事收錄於威姆斯所著的《喬治．華盛頓的一生與緬懷之舉》第五版版本中。」顯然，威姆斯自創這個故事，是為了強調誠實以對的重要。

喬治．華盛頓
美國第一任總統

86。約翰・甘迺迪不可能因兩發子彈而死？

一九六三年十一月二十二日，約翰・F・甘迺迪總統在德州達拉斯被暗殺身亡，州長約翰・康納利（John B. Connally）也中彈。亞伯拉罕・澤普魯德（Abraham Zapruder）拍攝到當時事發狀況，而警方後來逮捕了李・奧斯華（Lee Harvey Oswald），但他在受審前就被人開槍致死。

兇手的第一發子彈擊中了甘迺迪總統，因此很少人認為，該名孤狼槍手還會再開槍射擊甘迺迪，而第二發擊中了康納利——這成了知名的「一發子彈理論」。據說第三發子彈是從車陣前方的草丘發射，代表奧斯華可能有同夥。

電腦動畫師戴爾・梅爾斯（Dale Myers）研究這起暗殺事件超過二十五年，他針對該事件製作3D電腦動畫，「提出再多各種理論都可以，但當天的事件就是這樣發生的。」

比起奧利佛・史東（Oliver Stone）一九九一年《誰殺了甘迺迪》（JFK）

給世人的印象，州長康納利當時坐在車內後座，距離甘迺迪六吋，且椅墊還低了三吋，事發時他快速轉向右邊。以這個位置來看，梅爾斯主張，一發子彈同時射中兩人是非常有可能的，因此「這不是一發子彈理論，而是一發子彈的事實。」

一九七九年，「遇刺案特別委員會」審理研究人員指出，達拉斯警員麥克連（H.P. McLain）的收音麥克風不小心錄到一些證據，該證據指出，有一發子彈極有可能從草丘上發射。

梅爾斯再度用電腦動畫否決此論點：「很有可能的是，麥克連當時根本沒出現在聲音證據預測的位置，因此這項證據無效。」針對該次錄音，麥克連後來也明確表示，「不管他們說什麼，不是我錄到的。」

至於奧斯華，許多傳言指出他不過是個平凡的槍手，但他的海軍陸戰隊計分卡顯示，他能在兩百碼之外精準射中目標——這是教科書倉庫大樓到甘迺迪座車距離的兩倍！作家約翰．拉蒂默（John Lattimer）認為，奧斯華「不只很厲害，還從未失手過。」

○×

Chapter 14

發明、成就和大發現

Inventions, Achievements and Discoveries

87。率先發現澳洲的歐洲人是庫克船長？

一七六八年，倫敦皇家學會指派詹姆斯・庫克船長（Captain James Cook）登上「奮進號」，前往太平洋觀測「金星凌日」。任務完成後，他抵達一處他在日誌裡稱為「新荷蘭」的地區（這暗指他並非第一個抵達的歐洲人），「這裡有大量的『坎故魯』，或當地人稱的『康古陸』；我們在奮進河看到非常多，但最後只殺了三隻，味道還不錯。」

事實上，荷蘭探險家威廉・揚松（Willem Janszoon）在一六〇六年就已首次抵達澳洲沿岸——比庫克還早了一百五十年。歷史學家丹尼爾・布爾斯廷（Daniel J. Boorstin）在《發現者》中指出「一六四二年，阿貝爾・塔斯曼（Abel Tasman）接受荷蘭東印度公司總督安東・范迪門（Anton van Diemen）委託，前往探勘『偉大的南方之土』」。

塔斯曼將其中一塊區域以其贊助家為名，稱為「范迪門地」（Van Diemen’s Land），而一八五六年他又將該地以自己的名字命名。所以，顯然在庫克抵達澳洲沿岸前，已有數名歐洲人到過澳洲各地。

庫克不是第一個抵達澳洲的英國人。澳洲研究教授兼《探險家》作者提姆．富蘭納瑞（Tim F. Flannery）指出，英國探險家威廉．丹皮爾（William Dampier）「提供了偉大南方之地與其住民的第一手英文資訊。他在一六八八年一月登上澳洲西北岸」，比庫克抵達的時間早了八年。

＜海軍上校詹姆士．庫克＞
Nathaniel Dance-Holland 繪
——1776

88。女用燈籠褲是布盧默發明的？

我的外甥女還小的時候，很喜歡聽布盧默（Amelia Bloomer）發明燈籠褲的故事，只不過，她自己說故事的時候經常把「布盧默女士」講成「內褲女士」。然而，不論是布盧默女士還是內褲女士，她都不是發明燈籠褲的人。

根據《劍橋十九世紀美國女性文學》作者兼女性研究教授戴爾．鮑爾（Dale M. Bauer），一八四九年，經常流連歐洲各大浴場的美國旅行家伊莉莎白．史密斯米勒穿了「一件稱為『土耳其長褲』的寬大短裙，裙擺在腳踝處以繩結或鈕扣收攏。」當史密斯米勒回到美國時，她便自己做了一條，顯然她也不是發明者，只是有勇氣將這時尚帶回美國，穿上街罷了。

史密斯米勒接著補充，「一八五一年春天，有天我在院子裡整理好幾個小時的花圃，我一直都不滿意長裙的設計，這感覺經年累月一直累積，突然，我就決定不想再受這種束縛。」她的解決方法就是「穿上到腳踝的土耳其長褲，再套上長度約至膝下四吋的裙子。」

艾蜜莉亞・布盧默致信芝加哥的《宗教哲學期刊》，提到「伊莉莎白・史密斯米勒……穿著短裙和土耳其長褲，出現在我們鎮上」。根據史密斯米勒，這穿搭造型會有此名是因為：「布盧默女士後來也跟著穿了這種裙子，她在自己編輯的報紙上鼓吹這打扮，因此這裝扮就以她的名字命名了。」《勇氣可嘉》作者南希・柯特（Nancy F. Cott）證實，「一八五一年，在編輯艾蜜莉亞・布盧默於女性雜誌《百合》適度推廣之後，就被稱為『布盧默』（燈籠褲的原文為 Bloomers）。」

可是布盧默堅稱，她未曾將此打扮作為個人發明，「一開始我根本沒想過要採用這種風格——遑論想引領潮流，也沒想到我的行為會使整個國家掀起如此風波，還因為米勒女士，使這裝扮以我的名字命名。這一切都是媒體操控的結果。」

一八五〇年代的燈籠褲。

89。牛頓因為被蘋果砸到頭，而發現了萬有引力？

十八世紀的作家中，沒有人提到蘋果砸到埃薩克・牛頓的頭。在《牛頓》一書中，科學家麥克・懷特（Michael White）引用當時傳記作家威廉・史都克利（William Stukeley）於一七二六年記載牛頓之所以想到萬有引力的論述，「他坐下思考時，正好有顆蘋果掉下來」。

同時代科學家亨利・潘伯頓（Henry Pemberton）的說法則是，「牛頓單獨坐在花園裡，思考重力的力量」，此處未提到牛頓靈光乍現，也沒有提到蘋果，更沒有其他水果。

傳記作家兼《永不止息》作者維斯特福爾（Richard S. Westfall），引述牛頓姪女康迪特女士（Mrs. Conduitt）的一番話，她描述牛頓當時在花園裡思忖的情境：

他想到萬有引力的力量（使蘋果從樹上掉到地上）並不僅限於與地球的特定距離。這股引力必然比我們想的還更遠。

維斯特福爾指出，此故事「將宇宙萬有引力的絕妙原理，以通俗的方式呈現」，他還補充「將蘋果和萬有引力串起來的故事，是牛頓年老時才出現的」。懷特進一步指出，蘋果的故事「儼然就像設計過一樣，用來平息萬有引力理論的靈感……其實源自牛頓後續的煉金術研究。」

由此可知，像萬有引力理論如此突破性的重要論述，顯然不是如此容易想通的，蘋果的故事可能是牛頓晚年發生的一則小軼事而已。

90。尼龍（合成纖維）一詞取自紐約和倫敦？

織品研究講師蘇珊娜・韓德里（Susanna Handley）曾在《尼龍》（Nylon）一書中指出，「紐約（簡寫NY）和倫敦（London）皆被誤認為是同步發現尼龍的兩個城市。」

根據《大英百科全書》，一九三〇年代，美國杜邦公司「宣稱發明了第一種完整的合成纖維……聚六亞甲己二醯胺。」但很難想像女消費者走到櫃檯詢問一套以聚六亞甲己二醯胺製成的衣裳，因此一九七八年杜邦在《背景論述》中，選擇了「No-Run」取代上述名稱，但這個名字似乎又容易被誤解，所以杜邦管理高層就陸續一個一個字母修改，最後以「Nylon」這個名字定案。

韓德里補充，「以實驗上來看，纖維六六確實會跑」，因此原來的名稱「No-Run」不算準確，所以他們決定由字尾倒著拼成「Nuron」。可是這唸起來又拗口，所以「r」就改成「l」，變成「Nulon」。

「新的『Nulon』聽起來也很怪，所以又將『u』改成『i』成為『Nilon』。」然而這個字似乎會讓產品被誤唸成「Nillon」，所以「i」就又改成「y」變成「Nylon」。

有趣的是，韓德里表示，「nylon」這個字雖然變成聚醯胺纖維的通用名稱，但「杜邦從未為它註冊過商標。」

91。電話是貝爾發明的？

物理學家托尼・羅斯曼（Tony Rothman）在《萬物皆相關》中指出，一八六一年德國物理學家尤漢・瑞史（Johann Philipp Reis）「比貝爾早十年成功利用電傳送聲音」，而且還做出一個稱為「Telephon」的裝置。班克斯頓（John Bankston）也支持此觀點，他在其作《亞歷山大・格拉漢姆・貝爾與電話的故事》中，描述瑞史的「Telephon」是「利用電纜傳送電子音效」的裝置。

二〇〇三年，倫敦科學博物館電信館館長約翰・李芬（John Liffen）發現幾份文件，其中指出瑞史一八六三年版本的電話機，曾在一九四七年接受「標準電話電纜公司」測試，當時發現該機器不僅能成功傳輸，還能再生清楚的聲音，不過效率沒那麼好。李芬表示：「如果說電話指的是讓聲音在人類聽力範圍之外，還能傳輸的電子裝置，那瑞史確實發明了電話。」

根據《以 DSL 傳聲》的作者理查・格里戈尼斯（Richard Grigonis），瑞史發送的第一句話是「馬不吃黃瓜沙拉」，這顯然比貝爾的「華生先生，過來這裡——我需要你」還要難懂。

格里戈尼斯也披露，早在瑞史發明 Telephon 的十二年前，義大利發明家安東尼奧・穆齊（Antonio Meucci）便設計了他所謂的「發聲電報」——他在一八四九年於哈瓦那打造出來。班克斯頓支持此論點，「許多人認為電話發明家的榮耀當屬安東尼奧・穆齊。」確實，美國國會第二六九號決議案（於二〇〇二年六月十一日通過）明文表示：

以國會諸位代表向十九世紀義大利裔美國籍的發明家安東尼奧・穆齊的一生與成就，及其發明電話的重要成果致敬……他工作從不懈怠，發明了後來他稱的「teletrofono」，完成電信傳輸。

但瑞史或穆齊的電話原型皆未能引起注意，而且還被世人遺忘。李芬公正地指出，「發明的過程並未在成功展示後就結束，貝爾與其合夥人確實將電話變成實用且成功的商品」，也因此變得非常、非常富有。

亞歷山大・貝爾（Alexander Graham Bell）
貝爾擁有電話的專利權，但其為發明者的身分仍具爭議。

92。愛迪生發明了電燈？

電燈的發展或許就到湯瑪斯・愛迪生為止，但它其實是從漢弗里・戴維爵士（Sir Humphry Davy）開始，且這段發展史當中還有許多不為人知的無名英雄。

愛迪生的傳記作家法蘭克・戴爾（Frank Lewis Dyer）表示，「一切都要回溯到戴維爵士在皇家研究院的精湛展示，時間約在一八〇九年至一〇年。」戴爾在《愛迪生》一書中指出，「戴維用兩千顆電池的電流，在兩根碳棒之間締造出強烈的電弧。」

《他們都笑了：燈泡到雷射》的作者艾拉・傅萊陶（Ira Flatow）指出，「至少在英國、法國和美國，就有三至四位的發明家均在一八七〇年代左右研究白熾燈。」這些人包括早三十年前就做出功能性燈泡的亨利・戈培爾（Heinrich Göbel）。傅萊陶還提到約瑟夫・斯萬（Joseph Swan），「他利用滾筒狀的碳，設計出白熾燈。」

根據傅萊陶，愛迪生承認曾讀過斯萬的文章——該文詳述燈泡的發明，因此「斯萬的支持者宣稱，愛迪生竊取了斯萬的想法；愛迪生的支持者則宣稱，愛迪生是在設計出碳絲後才讀到該篇文章。」

直到一八七九年，愛迪生以「愛迪生現代白熾燈」——就是燈泡，得到商業普及。

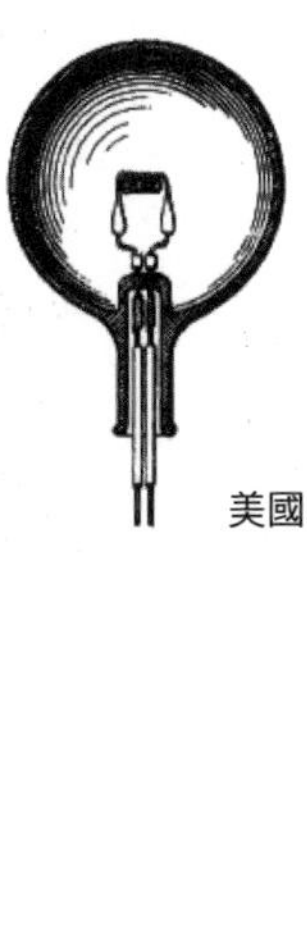

美國專利第 223898 號電燈。

93。麥哲倫繞著世界環航一圈？

十六世紀的葡萄牙航海探險家斐迪南・麥哲倫（Ferdinand Magellan）或許在「精神上」環航全世界，但他並沒有「親身」完成這趟旅程。

一五一九年八月十日，麥哲倫與兩百六十名船員和配有五艘船的船隊「特立尼達號」（麥哲倫的主艦）、「聖安東尼奧號」、「康塞普西翁號」、「維多利亞號」和「聖地牙哥號」，從西班牙塞維亞出發。他真正進入太平洋（他因整片海看起來平靜祥和而命名之）時，整支船隊只剩下三艘船。

一五二一年四月，即出發後過了一年八個月後，麥哲倫登陸菲律賓，在麥克坦島（Mactan Island）上與當地住民起了衝突而後身亡，當時距離整趟環航之行結束還有一年五個月。

航海家安東尼奧・皮加費塔（Antonio Pigafetta）曾在日誌上紀錄了一五二一年四月二十七日的事：

一個當地住民用大型短彎刀砍傷他的左腿，那把刀看起來很像彎月刀，不過還要更大。那一砍讓船長的臉朝前倒下，他們隨即馬上帶著鐵矛、竹矛和彎刀衝向他，直到他們把我們的明鏡、明燈、穩重的真正領航者殺死為止。

皮加費塔於一五二二年九月六日返回西班牙。他是麥哲倫手下十八名船員當中，唯一成功登上最後一艘船的人，多虧了「巴斯克航海家艾爾卡諾」（Juan Sebastián de Elcano）的領航技術，艾爾卡諾成了第一位成功環航世界的人。

94。吉約丹醫師發明了斷頭台？

與我們想像中不同的是，約瑟夫・吉約丹醫師（Dr. Joseph-Ignace Guillotin）其實是很仁慈的善人，他沒有發明斷頭台，只不過以自己的姓氏命名而已。

根據《法國大革命的歲月》，克里斯多夫・希伯爾特（Christopher Hibbert）表示，此類機械裝置早在十六世紀於德國、義大利就存在，「英國約克夏郡也有，只不過當地稱作哈利法克斯絞架（Halifax gibbet），蘇格蘭則稱為處女斷頭台（the Maiden）。」

《大英百科全書》指出，法國最初的版本根據設計師法國醫師安托萬・路易（Antoine Louis）命名，因此稱作「Louisette」或「Louison」——平台上豎立兩根十四呎的長柱，頂部再以一根橫木相接。此裝置內側會塗抹獸脂，接著會以繩索和滑輪裝置控制直或彎的刀板，最後再以有角度的刀片裝上，取代原來的刀板。

在一七八九年「國民制憲會議」上，巴黎代理人吉約丹建議使用斷頭台比較人道，因此《大英百科全書》也提到，「斬首式的死刑不再只限於貴族。」吉約丹反對死刑，希望以更人道的處決方式，當作廢除死刑的第一步。

不過，他的後代子孫對於斷頭台以「吉約丹」命名不太開心，他們後來還因此改了姓氏。

1793 年 10 月 16 日，法國皇后瑪麗．安東尼（Marie Antoinette）被送上斷頭台。繪者不詳。

○×

Chapter 15

語言與文法

Language and Grammar

95。「Fall」是美式英語的「秋季」？

十四世紀的英語中，每年第三個季節稱為「autumn」，源於拉丁語的「autumnus」。十六世紀時，「fall of the leaf」或「fall」成為英格蘭的標準用字。後來十七世紀晚期，美國也開始流行。

然而在英國，約十九世紀初，「autumn」又重新受大眾愛戴，因而成為標準用字沿用至今，現在美國人則是繼續使用十六世紀時的「fall」。

96。「乞題」與「提出疑問」意思相同？

「Beg the question」（提出疑問）是許多記者和訪問者喜愛使用且很容易上口的一句話，但這句話其實本身具有特殊含義，而且大家都用錯了！嚴格來說，這個片語無法與「提出疑問」或是「引發疑問」交換通用。

根據講究的文法家，「beg」在這裡與「一般的請求」不同。《現代英語用法詞典》解釋，嚴謹來說，「此句英語等同拉丁語中的 petitio principia（意思為乞求論點）」，根據《好用字彙指南》，就是「論證時以某假設做為論點，但該假設有爭議」。舉例來說，我沒有偷錢是真的，因為我不可能說謊，這句話「乞題」了，因為如果我的誠實是有爭議的，那我就很難以此證明我的論點。

若想指出一個論證會引發疑惑，那麼「詢問錢到底去了哪」是一個正確的問法，但是「用乞題（以假設做為論點）的方式，詢問錢到底去了哪」，則不是正確的問法。

97。因美式英語發不出「Got」，所以改為「Gotten」？

「Gotten」這個字事實上是中世紀英語，源於古挪威語「geta」。莎士比亞在《亨利六世》第三卷曾使用此字，劇中人物華威克（Warwick）說：「你怎麼不說說，亨利六世如何輸掉所有亨利五世曾有（gotten）的一切？」

《牛津字源專門詞典》指出，簡短的「got」最早出現於十七世紀，雖然十八世紀盎格魯愛爾蘭作家強納森．史威夫特（Jonathan Swift）和十九世紀時的蘇格蘭作家華特．司各特爵士（Sir Walter Scott）都偏好使用「gotten」。

儘管「begotten」、「forgotten」和「ill-gotten」這些字顯然是此時期出現的衍生字，但它們其實都是來自德語 gietan 的複合字，不僅比中世紀英語「gotten」還要早出現，更被列為古英語字。

98。英文寫作中，「介系詞」絕對不可放句尾？

這項文法「規定」要回溯到十七世紀英國詩人兼文學批評家約翰・德萊頓（John Dryden）。根據《聰明人的文法書》，巴瑞・塔西斯（Barry Tarshis）寫道，「德萊頓根據個人觀點，指出拉丁文書寫從不在句尾放上介系詞。」

塔西斯也提出：「不論是德萊頓，或是支持他觀點的文法學家，都沒想到許多最常用的介系詞（如 on、to、in、about、over、of），只要與動詞連在一起用，就能成為常用片語……他們也都沒想到，當你想將『動詞—介系詞』慣用語，放在以介系詞無法完結的句子時，會有多怪。」

十八世紀的主教羅伯特・勞斯（Robert Lowth）敦促讀者適當避免用介系詞做句子結尾，藉此來維持「文法法則」。可是在現代，《好用字彙指南》則指出，雖然拉丁語的句子不能以介系詞作結，但在英文用法上，卻沒有不可以這樣用的任何理由。

根據《牛津英語指南》，溫斯頓·邱吉爾在閱讀政府報告時，曾笨拙地嘗試調整句子，好讓句子最後不是介係詞，有次他曾在頁邊上塗寫：「該死的，這根本亂寫，我不可能這樣用。」福勒描述這種不得以介系詞作結的迷思，是「英語介系詞用法上，最歷久不衰的迷思之一」。

It's vs. Its 的差異

《好用字彙指南》指出，「it's 是 it is 的縮短形」，而「its 其實是 it 的所有格」，因此「文本裡出現 its 中間加上省略號代表所有格的用法，是錯的。」
比如說，「**It's** aim is to encourage better English」字面上的含義是「目標是鼓勵更好的英語」，這是錯誤的，應該要寫成「**Its** aim is to encourage better English」。

99。美式發音發不出「Aluminium」（鋁），所以改名？

一八〇八年，英國化學家漢弗里．戴維爵士率先發現此化學元素時，選擇稱其為「alumium」（鋁），因為此元素與「硫酸鋁」相關；但根據《好用字彙指南》，戴維爵士四年後改變心意，決定稱之為「aluminum」。

雖然在美國大都以「aluminum」來指稱，但這個詞被英國的科學界和高知識份子反對。《布魯斯貝里字源辭典》提到，詞源學家約翰．艾托引述一八一二年的《評論季刊》明確偏好使用「aluminium，我們當然能自由書寫成 aluminum，不過唸起來較不古典。」

換句話說，英國的權勢份子改用了本來選好的字，因為其字尾與其他已確立的化學元素名稱（如 magnesium、potassium 和 sodium）字尾較匹配。

○×

Chapter 16

哺乳類動物

Mammals

100。蝙蝠眼睛看不見？

蝙蝠之所以使用回聲定位，並不是因為牠們看不見，而是因為牠們雖然是夜行性動物，卻無法在黑暗裡看清。

《其實，飛鼠不會飛、貓頭鷹很蠢》一書中，博學家華納·謝德（Warner Shedd）指出，「蝙蝠不是眼盲，而且大多都看得非常清楚。」但即使在最佳的夜視環境裡，視力仍會受限，因此「蝙蝠仰賴一最驚人的系統——類似於雷達或聲納的回聲定位。」

《世界的蝙蝠》作者蓋瑞·葛漢姆博士（Dr. Gary L. Graham）也駁斥蝙蝠眼盲的論點：「所有的蝙蝠都看得見，還有很多視力好的不得了。」《大英百科全書》確實也記載：「舊世界大蝙蝠（大蝙蝠亞目），仰賴的是視力而非回聲定位（動物用聲納），以避免障礙。」

101。牛奶對貓有益？

根據愛丁堡「卡利多尼安貓咪門診」（Caledonian Cat Clinic）的獸醫艾琳・布朗（Aileen Brown），「有些貓咪無法消化牛奶當中的乳糖」，這種糖會使可憐的動物因腹瀉而苦，不過有些貓用乳製品確實會去除乳糖。布朗認為最好把牛奶當作「偶爾給貓咪的獎勵，而非固定的食物補充品。」

威斯樂米契醫師（Dr Elaine Wexler-Mitchell）在《健康貓咪指南》裡勸告貓主人，雖然貓咪「熱愛牛奶的滋味，但牠們通常都有乳糖不耐症」。威斯樂米契同意艾琳・布朗，因為貓咪「體內缺少能正確消化牛奶乳糖的酵素……超過一兩口，常常就會讓牠們拉肚子」。

獸醫丹恩・萊斯（Dan Rice）呼應上述兩位醫師的看法，他進一步在《貓咪育種完全手冊》聲明，「牛奶不該放在貓咪膳食中，即使少量餵食也很危險。」

下次當你家貓咪往你身上撒嬌，希望能喝到一小碟濃香牛奶時，最好是狠下心腸，忽視牠那哀愁的喵嗚聲……（順帶一提，此法則也適用於生病的刺蝟，比起容易拉肚子的麵包和牛奶，狗糧能讓牠們獲得更多營養）。

102。旅鼠會集體自殺？

與大眾認知相反，旅鼠（lemming）其實不會集體失去求生意志而跳海自殺。《大英百科全書》指出，如果牠們的群體數量過多，「旅鼠就會遷徙，有些會因為後面大批人馬往前推擠，而被推入海死亡」。

根據《北美洲哺乳類動物》，野生動物專家羅蘭德．凱斯（Roland W. Kays）和唐．威爾森（Don E. Wilson），「情況好的時候，牠們的數量會暴增，然後你會看見一大群旅鼠在低凍原地帶遷徙，主要是離開過度繁殖的區域。」因這不尋常的場景，而產生了「旅鼠會自殺、跳崖的迷思」。

此謠言顯然在維多利亞時期就曾普遍流傳。洛伊德（Llewellyn Lloyd）在一八五四年出版的《斯堪地那維亞冒險》（第二冊）中寫道，儘管他對這遷徙移動抱持存疑，「但我可不相信一群旅鼠浩浩蕩蕩往大海前進，只因為牠們想集體自殺。」

這個錯誤的迷思，在迪士尼一九五八年的《白色荒野》（White

Wilderness）電影中也被強調出來，片中溫斯頓・希伯勒（Winston Hibler）描述「這些迷你老鼠像是被不合理的情緒牽制，一隻隻被強迫往前行進，最終牠們走向離奇的命運。」儘管如此，沒有野生動物專家可以證明旅鼠會做出這種詭異行為，因此這樣的描述真的很奇怪。

更容易令人誤會的是，顯然這些毛茸茸的鼠輩，並非地球上最鬱悶的哺乳類動物，至少我們現在知道了。

103。成年的雄性大猩猩胸毛濃密？

人類胸膛的長毛，通常會被比作為大猩猩的胸毛，而「大猩猩」（gorilla）的原文確實就是指「長滿毛的人」。不過，大自然讓人類和大猩猩走向不同的演化發展。

布里斯托動物園副園長卡羅博士（Dr. J. Bryan Carroll）指出，「年輕的大猩猩確實胸口上有胸毛，但成年雄性大猩猩胸口則無毛。」《大猩猩》作者席穆爾．賽門（Seymour Simon）解釋，「成年大猩猩除了臉部、胸口和手掌、腳掌之外，全身都會長滿毛髮。」

所以下次若想拿有胸毛的人類與大猩猩相比，請記得大猩猩的胸部是特別光滑的。

鯨魚會從噴氣孔噴水？

鯨魚專家兼《鯨魚家族指南》作者德文森特（Cynthia D' Vincent）指出，與大眾認知相反，鯨魚不會從噴氣孔噴水，「早年的捕鯨者認為，噴氣口噴出來的是水，但其實那是鯨魚肺部空氣用完後擠壓出來的水霧。」

《藍鯨》（The Blue Whale）作者馬洛伊（Christine Corning Malloy）補充，鯨魚透過頭部頂端兩個噴氣孔或鼻孔換氣：「當吸入空氣裡的溫暖水氣吐出後遇到冰冷的海上空氣時，就會形成水霧，往上噴出驚人的細長形狀，稱為噴氣。

104。狗齡一年等於人類年齡七年？

英國布里奇沃特（Bridgwater）有隻二十七歲的邊境牧羊犬布蘭寶，她是全世界最老的狗之一。以狗齡來換算的話，她活了一百八十九歲，但犬類繁養家兼《飼養年邁狗狗指南》作者伊芳·凱奇茲（Yvonne Kejcz）則表示，在現代「這樣的換算不再準確」。

獸醫大衛·布朗納（David Brunner）在《養狗者完全手冊》特別提到，狗每年老七歲的看法其實是錯誤的，他指出「犬類老化的現象，會在狗生命最初的兩年變化極快」。

事實上，犬類年齡老化的速度，依據品種和大小各有不同。兩年之後，狗的成長速率會減緩。小型和中型犬的成長速率大約五：一，大型犬則是六：一，巨型犬品種的速率則是七：一。因此，一隻十歲的大丹狗其實是八十歲，而十歲的哈巴狗則是六十四歲。

《好好過一輩子：狗狗的幼年歲月》一書中，作者席格（Mordecai

Siegal）和馬戈利斯（Matthew Margolis）指出，七：一的狗齡計算方式因為多種原因失去精準性，特別是因為「這公式並沒有考量到狗狗出生的第一年，其實等同於十八歲的孩子。」

《呵護幼犬》作者巴迪．邁克倫（Bardi McLennan）指出，要精確計算年齡有很多方面要考量。比如說：狗一歲等於十五歲的人；狗兩歲等於二十四歲的人，之後狗每多一歲，就等於多增加人類的四歲。

雖然新的計算公式沒有那麼好記，但至少這能釐清布蘭寶其實活力充沛地活了一百二十四歲，而不是真的一百八十九歲！

105。大貓熊其實與浣熊同宗，而且還吃素？

儘管很難相信，但科學家有超過一百年的時間都無法決定，大貓熊和紅貓熊是屬於熊科還是浣熊科。根據《貓熊與人類》（Of Pandas and People）一書的作者戴維斯（Percival Davis）和肯楊（Dean H. Kenyon）：「關於貓熊的研究，大約有一半的人都認為牠們是熊，另一半則認為牠們屬於浣熊。」戴維斯和肯揚還補充，一九六四年有份研究最終得出了現代廣為接受的詮釋：「大貓熊是熊」。

一九九〇年代期間，在探討「優越分子分析」的刊物出現之後，又有了進一步的確認，《大英百科全書》強烈主張，「熊與大貓熊最為親近」。而紅貓熊顯然並非熊，也不是浣熊，牠們被重新分類在獨立一科。

至於貓熊的飲食習慣，每個人都以為大貓熊吃素，直到中國農民發現當地的貓熊會吃山羊。《大英百科全書》記載，「貓熊仍保有食肉的習性，這能當作陷阱，引誘牠們來裝上無線電項圈，但這也讓牠們成為危險。」

大貓熊專家兼《臥龍大熊貓》（Giant Pandas）作者喬治·夏勒（George B. Schaller）也證實，貓熊並不都吃素：「雖然竹子占牠們飲食超過九十九％，但貓熊的食肉習性是有歷史記載的。」

106。豬很會流汗？

人類學家兼《牛、豬、戰爭與女巫：文化之謎》的作者馬文・哈里斯（Marvin Harris）很有見地的告訴我們，「豬不會流汗」。事實上，根據哈里斯，最會流汗的哺乳類動物就是人類！

豬如果直接曬大太陽，且氣溫比三十六・六度還高，「豬會利用身體外面的水氣來濕潤皮膚」，一般來說牠們會「在新鮮乾淨的泥地上打滾」來完成這個步驟。寵物豬專家華倫泰（Priscilla Valentine）在《大肚豬的行為與訓練》中解釋，「豬基本上沒有汗腺，所以無法讓自己維持涼爽。泥巴就是天然的潤膚品……其作用是驅蟲劑和防曬乳」。

維多利亞時代的人率先喊出「I'm sweating like a pig」（我像豬一樣汗流浹背）的講法。而根據《俚語字典》，同樣受歡迎的另一種表達方法是「I'm sweating like a bull」（我像牛一樣汗流浹背）。維多利亞時代的人大致上對了一半，因為牛確實會流汗，但源自涼爽地區的豬並不會流汗。

○×

Chapter 17

打理儀容

Grooming

107。一夜白頭是可能的？

在《以生物觀點論人體色素》一書中，臨床藥理師羅賓斯（Ashley H. Robins）引述了幾個有名的歷史案例，其中包括摩爾爵士（Sir Thomas More）——他的頭髮和鬍鬚在他被處決的前一晚變白。同樣的案例還有瑪麗．安東尼（Marie Antoinette），根據一八五〇年《全國實用知識百科大全》，在法國大革命期間，「被兇殘的莽漢以最殘忍的方式辱罵、毆打」之後，她的頭髮就變白了。

然而，格雷博士（Dr. John Gray）在《頭髮的世界》指出，「黑髮不可能瞬間變白……經年累月生長的頭髮本身具有色素，因為頭髮是『死的』，因此頭髮裡的黑色素不可能被快速摧毀。」

那麼，一整頭的頭髮又是如何在毛髮不可能自行變色下，一夜白頭呢？毛髮學研究院院長瑪莉琳．施洛克（Marilyn Sherlock）指出，頭髮會完全變白是因為一種稱為「鬼剃頭」的病：「有時候這種病症只會發生在含有色素的毛髮上。如果有人是灰髮（本身的色素混合白色），那黑髮就很有可能一夜掉光，最後只剩下白髮留在頭上。」

科學作家萬傑克（Christopher Wanjek）也同意，他認為這種情況很可能與壓力有關，導致有色素的毛髮在約兩週內掉光，最後只剩下白髮。至於湯瑪斯．摩爾爵士之所以一夜白頭的原因？要被斬首如此大事，顯然會讓人備感壓力，足以讓任何人頭髮都掉光！

108。抗老霜真的有用？

消費者協會雜誌《Which?》在一九九八年曾進行一項雙盲調查，請九十六名女受試者測試一般保濕品和抗老乳霜。調查結果公布時，該雜誌指出：「結果發現在這四週試驗期間，女性根本分不出自己使用的是一般保濕品或是抗老產品。」

該雜誌總結出一個結論，「有些號稱專門用在抗老乳霜上的成分確實存在，但該成分在乳霜中含量非常少，頂多只能滋潤肌膚而已。」

皮膚醫學教授克利斯托夫・格利芬斯（Christopher Griffiths）表示，「儘管目前已投入大量資源研究『青春之泉』，但多數抗老療法不過比昂貴的保濕品好一點而已。」他反而推薦「有效使用防曬係數十五以上的防曬霜」，幫助維持年輕容貌。

109。刮鬍子時，要朝毛髮生長的反方向刮？

很多男人會朝毛髮生長的反方向刮鬍子，認為這樣刮完才會滑順。不過專家卻表示，這樣的刮鬍方法最後反倒會導致「剃刀刮傷」。美國手術剃刀製造商 Derma-Safe 強調，刮鬍時刀片的方向非常重要：

順著毛髮貼合的方向刮鬍，毛髮會卡在皮膚上被割下來……若是逆向朝毛髮生長反方向刮，毛髮先是被刀鋒拉起再剃除。這會使毛髮下的皮膚也被拉起，當毛髮在這處被刮除的皮膚上生長時，就會更容易破壞表皮，日後也使刀片變鈍。

倫敦傳統男士理髮店的店長吉歐特朗波（Geo F. Trumper）完全同意，他建議男性顧客順著鬍子生長的方向剃鬍：「千萬不要逆向刮鬍子，因為這會讓皮膚以錯誤的方向被拉起，造成小處切傷，磨損肌膚，這也是剃刀刮傷最常發生的原因。」

110。指甲上有白點代表缺鈣？

皮膚醫學教授諾維克（Nelson Lee Novick）揭露，有些發展中國家的人嚴重營養不良，「這類營養缺乏的情況，特別是飲食中缺少鋅或蛋白質時，會使指甲除了指尖部分幾乎全白，甚至在指甲甲面上出現白色寬帶。」然而在西方國家，諾維克指出指甲上有白點是因為「一般受傷，像是指甲撞到或壓到東西。」紐約指甲公司表示，指甲上出現白點並非是缺鈣：「出現白點代表指甲甲板受了傷……指甲甲板遭受撞擊會使表面出現空隙，以白色的樣貌呈現。」

《標準指甲美容技法》一書中，美容師舒提斯（Sue Ellen Schultes）也證實此點，她說白點被稱為「白甲症」（leukonychia），一般是因為「氣泡、瘀青或其他對指甲的傷害造成。」所以，如果你發現指甲上出現奇怪的白色斑點，這並不是要你每天喝一品脫牛奶，或是需要開始吃鈣片——可能只是你在沒留意的情況下傷到指甲！

○×

Chapter 18

醫　學

Medical Matters

111。厭食症是瘦子病？

雖然厭食症通常會被認為是「瘦子病」，但這個名稱不僅讓人誤會很深，也沒有充分或準確的說明病症。這種病非常嚴重，不光與體重或變瘦有關。如《健康醫學家庭百科全書》所言，厭食症的致因「比起只想減重還更加複雜。」

根據英國厭食暴食症照護組織指出，「神經性厭食症」（anorexia nervosa）這個醫學標籤也無法有效協助想了解此病症的人：

此詞彙字面上是指「因神經導致食慾喪失」，但其實有此病症的患者通常能戰勝食慾，而不是喪失食慾……雖然患者在當下可能宣稱沒有食慾，但許多研究卻發現，患者承認他們通常會感到非常飢餓，只是拒絕進食。

英國國民保健署（NHS Direct）表示，雖然此病症有部分原因與「現代人重視身材」有關，但「神經性厭食症的致因……也與自制力和自我價值有關。」保柏（BUPA）保險公司也支持此觀點，指出他們希望「控制體重取代控制人生的其他方面。」

112。動物毛塵會造成過敏？

許多鼻子過敏或呼吸道過敏的人，都以為這是寵物的毛髮所引起的。可是根據《免疫優勢》的作者之一埃倫·馬佐（Ellen Mazo），真正的罪魁禍首是「動物皮屑（死掉的皮膚細胞）釋出的一種蛋白質和其唾液」。小型寵物身上的過敏原可能是其尿液，牠們的床被可能最後變成過敏原的溫床。

《雷克斯貓：主人完全手冊》一書中，貓咪專家赫爾格倫（J. Anne Helgren）也證實動物毛髮並非是過敏的致因，反倒是貓咪唾液裡發現的過敏性蛋白質「Fel d1」，會在貓咪自己清理身體時留在毛皮上：「貓咪梳理毛髮時，會把這些蛋白質散布在毛上，不論毛髮是直或捲或沒有毛。」

有趣的是，斯莫里醫生（Dr. Lawrence A. Smolley）在《立刻呼吸》中指出，「雌貓身上所生成的刺激過敏蛋白質，比雄貓少三分之一。」

同樣的，容易引發氣喘的並非灰塵或是塵蟎，布洛斯朵夫醫師（Dr.

Jonathan Brostoff）在《花粉症》中解釋是「出現在塵蟎糞便裡的一種消化性酵素。」

在《過敏與氣喘治療》裡，佩斯卡托雷醫師（Dr Fred Pescatore）也證實，塵蟎（以住家灰塵維生）的排泄物是「造成長年過敏和氣喘症狀，如鼻塞或流鼻水、流淚、咳嗽等最常見的刺激元素。」

113。精神分裂症與人格分裂有關？

若追本溯源，精神分裂症（Schizophrenia）的希臘語字首schiz意思是分裂，但根據（前身為全英精神分裂協會）Rethink的解釋，「分裂」在此指的是「思維、感覺和意圖」的分散，並非影射人格特質分化成不同面向，好比膽小同時又好鬥。

出現這種罕見（且受爭議）特質的情況，目前稱為「解離性身分障礙」（Dissociative Identity Disorder），就如Rethink指明，此症狀與「思覺失調症毫無關聯。」

114。有扁平足的人無法當兵？

根據《足部與踝部資料集》作者兼整形外科醫師特雷梅恩（M. David Tremaine），「有扁平足的人，腳板上的足弓不是不明顯就是幾乎沒有，還會直接貼平在地面上。」扁平足的另一種說法為「足弓下塌」（fallen arches）。

《不疼不痛》一書中，作者伊古斯奎（Pete Egoscue）補充，沒有足弓的腳「沒有吸收撞擊的能力，也就是說，功能不足的腳撞擊到地面時，產生的衝擊波會直接往上到小腿骨至膝蓋處。」因此導致足部和腿部疼痛，還可能難以行軍。

不過根據英國陸軍網站，如果在體檢時發現是扁平足，但醫生認為可以參加訓練，仍具資格能從軍。

115。如果帶狀皰疹兩端相連，患者就會死亡？

帶狀皰疹由水痘帶狀皰疹病毒引起，亦為會圍繞下腹部擴散的疹子。在《水痘帶狀皰疹》一書中，帶狀皰疹（shingles）這個詞「取自中世紀拉丁文 cingulus，具有環狀之意」，環狀指的是疹子的形狀，以及會跟著皮膚神經分布生長的狀態。

《醫學健康家庭百科》指出，就此病症來看，「如果帶狀疹子兩端相接患者就會死亡的說法，不是正確的。」

澳洲蒙納許大學的家醫科教授約翰．莫塔博士（Dr. John Murtagh）完全同意，他認為這種謠言是「胡亂謠傳」。

116。背痛就是要在床上躺著休息？

英國背痛組織「BackCare」指出，因背痛而苦的患者「不建議躺在床上，因為這會讓疼痛加劇，所以應該要避免臥床。」根據近期研究，背痛者若繼續正常活動，而不是長期臥床，「會比較健康，止痛藥吃得較少，感覺到的壓力也比那些沒有活動的人要少。」

「英國脊骨醫學組織」完全支持此論點，建議民眾應該要在恢復期間持續活動，因為「長時間臥床會使骨骼肌肉變弱，降低完全康復的機會。」

一九九五年，馬維瓦拉（A. Malmivaara）主導的芬蘭研究小組發現，急性下背部疼痛的診治上，被予以臥床休息治療的患者恢復速度最慢。他們將成果發表於《新英格蘭醫學雜誌》，並最後總結：患有急性下背部疼痛的患者若能「在背痛受限之餘，持續平日活動」，就能好得更快。

117。往內生長的腳指甲會長進腳趾中？

「英國國民保健署」指出，「往內生長」這個詞語的意思容易讓人誤解，因為腳指甲生長是很正常的事，並不會長入組織中。這種情況的出現「是因指甲周邊的軟組織發炎，之後遭到感染引起腫脹，因而覆蓋了指甲邊緣，看起來就像是指甲長入組織裡一樣。」

布勞斯教授（Professor Norman L. Browse）贊同，並指出「說腳指甲會往內生長，措詞不當」。布勞斯在《外科疾病病症與徵兆介紹》中解釋，腳指甲的兩側只是「看起來」像是往腳趾本體生長或刺入。事實上，「指甲是正常生長的，是不規則指甲邊緣在損害皮膚。」

那麼，腳指甲的邊緣又怎麼會在一開始就不規則呢？兒童醫學與小兒科教授戴衛（T. J. David）披露，主因在於「不合適的鞋子使腳趾側邊受到擠壓」，他更補充「以半圓而非直線剪指甲」也是原因之一。

118。淋雨會造成感冒和肺炎？

因為突如其來的大雨，導致全身淋濕噴嚏頻頻的說法，如今再也不適用了。「英國國民保健署」表示，能造成感冒、打噴嚏的只有病毒：「天氣寒冷不是引發感冒的原因。」

卡迪夫大學的「普通感冒中心」認同此說法，並指出，「沒有科學證據指出，身體發冷會更容易遭到感染，或是使病情更加嚴重。」

科學作家萬傑克（Christopher Wanjek）在《劣質醫學》中也提到：「感冒病毒是造成感冒的唯一真正原因……不論你全身如何濕透，只要周遭沒有病毒，你就不會感冒或罹患肺炎。」

萬傑克為了證實自己的論點，還指出「在南極與北極的科學家鮮少罹患感冒，因為人太少了，感冒病毒無法散播。」

布拉謝爾博士（Dr. Robert Bradsher）是阿肯色大學研究傳染性疾病的專家，他指出「包括感冒病毒在內的病毒，都非常具有傳染性，只要碰觸到有呼吸道病毒的人或物，接著再碰自己的眼睛、鼻子或嘴巴，就會遭到感染。」避免罹患感冒的最佳方法之一，就是「經常洗手，或是使用含有酒精的洗手液。」

119。感冒該用「飢餓法」餓死病毒？

感冒暨流感協會指出，「挨餓治發燒」就醫學建議上毫無根據：「任何罹患感冒或有發燒症狀的人，應該要補充大量水分。只要覺得需要，就該盡可能的補充食物。」

事實上，根據阿肯色大學醫學系教授肯爾恩博士（Dr. Kern），「挨餓治發燒不但是很糟的主意，飢餓還會減少身體康復的能力。」

《如何育成健康的孩子》一書中，孟德爾索（Dr Robert Mendelsohn）醫師建議讀者忽略「進食治傷風，挨餓治發燒」的無稽之談，以他的專業來看，「要從任何病症恢復健康，營養是重要的一環。」他還補充，感冒和發燒都會燒掉需要的熱量，並建議「只要在孩子能承受的範圍內，不論是感冒還是發燒，應該都要餵食。」

○×

Chapter 19

名 言

Sayings

120。「壯得像頭牛」就是「非常健康」？

這句通俗用語可回溯到十六世紀。湯瑪斯．納什（Thomas Nashe）記載了「壯得像頭牛」（As fit as a fiddle）的說法，不過，這用法起初與健康無關，而是與「適切、恰好」有關。

根據一八一四年的《強森博士字典》，「fit」意思是「適合、恰當」，如今「fit for a king」（即「適合帝王的」）也仍沿用此意。「fit」作為「身材姣好」的意涵，從十九世紀才開始。

因此，「壯得像頭牛」這句話最初的含義，其實是「像一頭牛妥當」而非「像頭牛一樣健康」。

121。破曉之前最是黑暗？

十七世紀英國歷史學家湯瑪斯・富勒（Thomas Fuller）曾在描寫聖地景貌的《毗斯迦山——眺望巴勒斯坦》裡寫道：「破曉之前總是最黑暗」。

不過，太空人大衛・林區（David K. Lynch）和威廉・利文斯敦（William Livingston）在其作《大自然的色彩與光》指出：「太陽在日出與日落之間，位於地平線下方最遠處」，因此最黑暗的時刻，應是這兩段時間的中間點。

氣象學家海多恩（Keith C. Heidorn）也認為這句古老諺語是「不正確的」，他更指明「最黑暗的時間是半夜，也就是日落與日出之間的中間點。」

林區與利文斯敦認為，「黎明之前最黑暗的說法，可能是因為把黑暗與寒冷聯想在一起。「黎明前真的是最冷的時候，但絕不是最黑暗的時刻。」

122。「經驗法則」源於毆打妻子？

「經驗法則」（Rule of thumb）這句話經常被認為源自古英國法律：只要使用的棍子寬度不超過拇指寬，丈夫就可以棒打妻子。這條法律應該取材自布拉克斯通爵士（Sir William Blackstone）的《英格蘭法律評論》，但哲學系教授賀芙索默斯（Christina Hoff Sommers）在《誰偷走了女性主義？》中，否認布拉克斯通的書裡出現如此作法：「與之相反的是，英國法自從十八世紀初、美國法在革命前，都已出現禁止毆打妻子的法條。」

這句詞語確實在上一世紀被使用，《牛津英語諺語辭典》書中引用十七世紀擊劍大師霍普爵士（Sir W. Hope）的話：「他所做的，都是靠拇指／經驗法則，而非技藝。」但這裡可沒有指涉任何毆打妻子的暴力行為。《布魯爾片語典故詞典》表示，這個詞是「暗示使用拇指作粗略計算」。

123。「Scot free」指蘇格蘭人可無罪釋放？

「無罪開釋」（Scot free）意思是：不用付出任何代價即可釋放，這個片語通常用來消遣蘇格蘭人。

《布魯爾片語典故詞典》指出，「scot」是指「付款或清算」。此詞第一次出現於一二九七年，據說源於古挪威語 skot 和古法語 escot，這兩個字意思都是「賦稅」。

《牛津諺語詞典》對此片語的的定義是：「無需支付稅賦、酒館欠帳、罰金等等」，由此可知，這句話跟蘇格蘭人無關。

124。「off one's own back」指「自主」去做某件事？

有篇保育人士的報導提到，蝙蝠保育人士「自覺地去做很多蝙蝠相關工作」（原文為 most of his bat work off his own **back**），但嚴格說來用法應該是「doing his bat work off his own **bat**」。

把「off one's own bat」寫成「off one's own back」可以理解啦，這起源與板球有關，但跟會飛的哺乳類動物可沒什麼關係。

125.「坦承錯誤」源於動詞「變得謙虛」？

坦承錯誤（eat humble pie）源於動詞變得謙虛（to be humble）嗎？

十七世紀以前，「umble」或「numbles」指的都是動物內臟，取自拉丁語lumulus，因此「umble pie」指的就是內臟餡餅。

十七世紀的日記作家塞謬爾・皮普斯（Samuel Pepys）曾在一六六三年七月八日記錄：「透納太太一入屋，就拿出剛出爐的內臟餡餅，真是美味。」顯然皮普斯對於「吃內臟餡餅」（eat umble pie）是喜不自勝。

不過在十九世紀初期，這個片語開始與動詞「humble」（使謙卑）混用，此動詞意思是「close to the ground」（靠近地面），取自拉丁語的humilis。「eat humble pie」後來與「坦承羞辱、錯誤」有關，也持續沿用至今。

126。「屏息以待」指的是滿口蛆懸掛著？

就字面上來說，「屏息」以待（to wait with **baited** breath）指的是「滿口蛆懸掛著」。嗯……顯然不是什麼好畫面。

這裡的「baited」是來自「to bait」，意思是逗弄或引誘；不過「bated」則是來自「to abate」，減弱、減輕之意。

要人「bate」或「abate」自己的呼吸，就是指在焦慮或緊張的狀況下限制呼吸。因此，正確的動詞寫法應該是「to wait with **bated** breath」。

○×

Chapter 20

身　體

Bodies

127。打噴嚏會使心臟停止，所以要說「保佑你」？

如果這是真的，我們感冒時就操控著自己的生殺大權了。英國BBC第四電台的《案例筆記》主持人波特醫師（Dr Mark Porter）並不同意此論點，雖然他指出「心血輸出量或許會因胸腔壓力增加而減少，使靜脈回流及右心房壓力降低」是真的，但這樣的說法仍然錯誤。

華盛頓大學醫學系威爾森博士（Dr Tom Wilson）證實，「心臟是一大團的電流活動組織，而這電流活動不會因為打噴嚏就停止」，他建議，我們可以在下一次打噴嚏時自我檢驗脈搏。

但為什麼我們要在別人打噴嚏時說「保佑你」（Bless you）呢？一世紀時的博學家老普林尼曾說過，別人打噴嚏時「致意」的作法，最早「據說源於不善交際的提貝里烏斯（Tiberius Caesar），他在駕乘馬車時要求他人這麼做。」原來，脾氣暴躁的提貝里烏斯在環視臣民時，堅持眾人在他打噴嚏時致意。

十七世紀醫師布朗爵士（Sir Thomas Browne）在其作《世俗謬論》也對此提出看法，他表示這習俗可能是為了抵禦疾病：「打噴嚏背後之所以有致意或祝福的習俗，一般認為是因某種疾病使然，擔心打噴嚏會因此死亡，所以才會有這種說法。」

威爾森博士進一步提出另一種解釋，古時候人們打噴嚏時，據說「靈魂就會跑掉，惡魔或邪靈就會侵入」，因此需要回以祝福，才能抵銷打噴嚏的負面影響。

128。歌唱得很糟的人就是「音癡」？

《牛津英語辭典》對「音癡」的定義是「無法察覺到不同的音準」。可是當我五音不全時，我知道我唱錯，就是不知道要如何找出正確的音。

顯然很少會有真正的「音癡」（tone deaf）。聲音教練羅傑．勒夫（Roger Love）在其作《像明星那樣唱！》宣稱，世界上真正是音癡的人口不到二％。

《專業歌手手冊》的作者兼聲音教練葛洛莉雅．洛奇（Gloria Rusch）認為，沒有所謂的音癡，任何像是音癡的人，只不過是「難以好好聽見、分辨不同音準的人，但只要利用正確的音譜和技巧，好的老師就能幫助學生準確分辨樂音」。

129。我們只利用了大腦的10%？

這則謬論的起源要回到一九三五年，根據娜庭·威德曼博士（Dr Nadine M. Weidman），科學家拉什萊（Karl Spencer Lashley）以老鼠做了實驗，總結「大腦（腦部的主要部分）最多有一半，可在不影響老鼠學習能力的情形下被破壞。」

因此就有人說，這些早期研究最後產生「人類沒有使用或需要整個大腦」的理論。而這說法也就經常被引述，好證實我們具備的腦力比我們所想的還多，或是大腦的「休眠」部分肯定也有潛能。

英國「腦科學成像中心」的弗里斯教授（Professor Chris Frith）表示：「人類只利用大腦的十%是種迷思。即便是我們在睡覺，大腦內的所有細胞都是活躍的……而大腦若出現一小區域的損害，就可能造成嚴重影響。」確實，我們並不常聽見外科醫師說：「子彈射穿了他的頭部，但幸運的是，子彈進入的是他腦部九十%沒在使用的部位。」

科學作家萬傑克（Christopher Wanjek）在《劣質醫學》曾提到，第一次出現有關十%的紀錄是一則一九四四年的廣告，提供自我精進課程的佩爾曼研究中心宣稱，「什麼讓你停滯不前？根據一個科學事實，就這一個！科學證實，你只用了大腦潛力的十分之一！」

自那時起，各個科學家就絞盡腦汁持續奮力研究。萬傑克也指出，幸好如今「CAT、PET和MRI掃描都證實，大腦裡沒有所謂未活動的區域，即使是在睡眠時也沒有。」

130。女人沒有喉結？

《牛津英語辭典》對於喉結的定義是「由喉部甲狀軟骨形成的凸起，位於頸部正前方。」

儘管喉結在解剖學上是專屬男性的特徵，但生物學教授兼《簡明解剖學與生理學》作者埃爾卡莫（I. Edward Alcamo）保證，「比起成年女性，這在成年男性身上更明顯而已。」而《應用放射解剖學》也證實，女性的喉結「容易觸診（觸摸）得到，只是看不見而已。」

所以女性肯定有喉結，只是沒那麼明顯，因為如果沒有喉結，根本就說不了話……

131。舌頭只能探測出四種味道？

一直以來都有人認為，因為味蕾只分布在舌頭特定部位上——鹹味與甜味位於舌尖、苦味位於舌根，而酸味位於舌頭兩側，所以只能品嚐四味。有次我們進行了一個實驗，我們在各自舌頭的不同位置上分別滴上鹽水、糖漿、檸檬汁和帶有梨子口味的東西。結果如何？三十二位全身黏搭搭的學生！

其實我們根本不需這樣做。生理學教授里索教授（Donald C. Rizzo）在《德瑪爾的解剖生理學基本原理》發現：

所有味蕾都能探測到四種味覺。此外，科學作家萬傑克指出，隨處可見的舌頭分布圖，是根據約一百年的錯誤詮釋而來。科學家誤解了海尼格（Hanig，一九〇一年）與波林格（Boring，一九四五年）的『舌頭—味覺研究』研究，因此假定舌頭上不太敏感的區域就是沒有感覺。

其實，味蕾並不僅限於舌頭之上。研究人員亨金與克利斯提昂森（R. I. Henkin and R. L. Christiansen）將研究發表於《應用生理學期刊》，他們發現「在舌頭、上顎和咽喉（鼻子和口腔後方連接到食管的凹處）上的味蕾都能探測到所有四種味覺。」

至於四種可識別的味覺，解剖學家傑拉德·托爾托拉（Gerad J. Tortora）在其著作《簡明解剖生理學》就指出，「有五種主要的味覺可以辨別：酸、甜、苦、鹹和鮮。」鮮味是近年由日本科學家新加上的味覺，通常其描述是「肉味」或「鹹香味」。

人能擁有雙關節？

能把自己的身體塞入迷你箱子、彎曲成不自然形狀的軟骨功表演者，據說他們之所以能做到，是因為他們有「雙關節」。當然……這不是真的！

《牛津身體指南》直接告訴我們，「這些人並沒有雙關節，而是關節活動度比一般人還要寬。」——醫學上正確的說法是「關節過動」（joint hypermobility）。

132。中國人和日本人發不出R或L的音？

中國北方人（主要的華語使用者）包括北京和上海人在內，發R的聲音時，都會像伯明罕地區的人一樣有捲舌音。中國南方的人（主要的粵語使用者）和日本人很難發出R和L的音，但這不是因為他們發不出來。

我們在出生時，大腦會精確接納母語的聲調，因此就如史丹佛大學腦科學研究生加爾吉・塔魯德（Gargi Talukder）在《大腦如何學習第二語言》指出，大腦之後便會停止記錄「對母語來說不重要的音位（音調）。」《語言學新引》的作者維多利亞與羅伯特・羅德曼（Victoria and Robert Rodman）指出，無法聽清楚相似音位的人，會以其他音位取代，「因為這些音聽起來相似」。成年後才學習英語的外國人，如果他們的母語裡沒有一樣的音，就會很難分辨兩種相似的音調。而因為難以分辨其中的不同，所以就無法得知發音是否正確。

○×

Chapter 21

用字遣詞

A Way with Words

133。「敢死隊」因對成功沒有希望，所以名為「敢死」？

敢死隊（Forlorn Hope）是指一群選擇做攻擊先鋒的士兵，雖然這些人壽命確實都不長，但這並非是此名稱的由來。根據《牛津簡明字典》的定義，「forlorn」是「淒慘的」、「孤寂的」、「遺棄的」或「哀悽的」。這個字得回溯到十六世紀，源自荷蘭語的 Verloren Hoop，意思就是「失落的部隊」。

敢死部隊並不如聽起來那般犧牲奉獻，因為這種部隊有時由品行不良的軍人組成，他們自願參加任務，帶著微乎其微的成功希望以求贏得榮譽。如果任務成功，他們通常都會獲得很好的回報、升遷和豐厚獎金。

134。愛斯基摩語有四百個描述雪的詞彙？

語言學教授兼《愛斯基摩人詞彙大騙局》的作者傑弗瑞·蒲朗（Geoffrey K. Pullum）披露，「愛斯基摩語並沒有很多描述雪的字詞，任何一位宣稱自己了解愛斯基摩語的人，都不曾這麼說過。」

蒲朗表示，這個誤解可能要回溯至一九四〇年代的一篇文章，語言學家本傑明·李霍爾夫（Benjamin Lee Whorf）在其論文〈科學與語言學〉中，引述了人類學家法蘭茲·鮑亞士（Franz Boas）的研究，約略影射了此點。後來這則迷思就如雪球般越滾越大，根據蒲朗：「四百的數字是來自某位（在雜誌數據調查員質疑之下）坦承根本不知資料來源從何而來的人所寫的文章。」

為了釐清真相，蒲朗發現阿拉斯加中部的優匹克愛斯基摩語（Yup'ik Eskimo）「大約只有十來個（約略計算）指涉雪和自然現象、變化或行為的詞彙。」

135。「比基尼」因太平洋上的兩處環礁島而得名？

唯一的問題在於，比基尼環礁（Bikini Atoll）其實是由三十六個小型珊瑚礁組成的島群，而非只是兩個。

根據英國《Eye》雜誌的撰稿者史蒂芬．海勒（Steven Heller），「法國泳衣設計師路易斯．雷德（Louis Réard）借用了馬紹爾群島的『比基尼』名稱——該處曾在一九四六年測試兩枚美國原子彈」。

海勒指出雷德如何沒有品味地將自己的作品命名為「比基尼」，「因為他認為這個名稱足以彰顯出，穿上該服裝對男性造成的爆炸性影響。」

但雷德後來聲稱，他是以環礁島名而非該次爆炸測試來命名。

136。「沙朗牛排」因獲得封爵，而稱「沙朗」？

根據十七世紀英國學者湯瑪斯・富勒（Thomas Fuller）在《耶穌出生至一六四八年的英國教會史》記載，沙朗（Sirloin）牛排之所以有此名號，是因為它「獲得亨利八世國王冊封為爵士（英文為 sir）。」

這個說法顯然錯了，因為根據《現代英語用法詞典》，「證據指出，對牛排『封爵』是大錯特錯。」

「sirloin」這個字源於法語的 sur，意思是「在……之上」，而 loigne 或 longe 指的是「loin（腰部）」，加在一起便是「在腰部上方」之意。

137。「Jealousy」是渴望擁有別人所有之物？

根據《好用字彙指南》，jealousy（戒備、忌妒）是「想避免失去所有物的感覺。」比如說，有人可能「jealously（戒備地）守護著」所有之物。《好用字彙指南》也指出，「envy」（妒忌）是「察覺到別人的優勢，想要將該優勢占為己有的感覺。」

因此，自己沒有該物時，可以對他人的所有物或地位感到「envious」而非「jealous」。

138。「惴惴不安」就是處於掛慮的狀態？

「I left him on tenderhooks to know what he may find」（我讓他對於即將了解到的事實，提心吊膽），這類的片語通常會出現在報章上——這說法通常會讓人聯想到用可怕的鉤子掛著，儘管這跟事實差不多，但仍舊是錯誤的！

根據《牛津英語辭典》，「tenter」（張布架）是指「能攤開衣物晾乾的架子」，而「tenterhooks」指用來把衣服固定在架子上的鉤子。因此，正確的用字寫法應該是「tenterhooks」（提心吊膽）。

Miniatures 僅代表袖珍畫作？

若說到「miniatures」（微型物／縮圖），一般人會想到小幅畫作，但這個字其實可以表示任何的尺寸。根據《大英百科全書》，「這個名稱取自於『鉛丹』（minium），或稱紅鉛，是中世紀繪畫家使用的材料。」

Miniatura（纖細畫）指的是畫作而非繪畫過程，後來用來指十六世紀初至十九世紀中葉所製作出來的微型肖像畫。

139。S.O.S. 其實是「拯救我們靈魂」的字母縮寫？

「S.O.S.」指的是什麼？「Save Our Ship」（解救我們的船）或是「Save Our Souls」（拯救我們靈魂）嗎？馬可尼公司使用的第一種求救訊號是 C. Q. D.，這些字母確實有其含義，C. Q. 是「seek you」（尋找你的簡稱代號，而 D 指的是 danger（危險）或 distress（危難）。這個訊號也可以解讀為 Come Quickly: Danger（快點來：危險）」之意。

《海洋年鑑》作者亨德利可森（Robert Hendrickson）表示，一九〇八年「S.O.S. 這幾個字母因為應用了摩斯密碼（三個圓點、三個破折號，最後再加三個圓點）規則，可以被容易記住、傳輸而被選用。」換句話說，S.O.S. 不是什麼縮寫，這個字母串只是因為容易用摩斯密碼傳輸，因此廣為使用罷了。

順帶一提，Mayday 這個求救訊號也與五月一號完全無關，它是取自法語的 m' aidez——「救救我」的意思。

140。「Re」是「referring to」或「with regard to」的縮寫？

「Re」代表「regarding」（關於）、「referring to」（參考、談及）或「with regard to」（關於）的意思。就此點來看，「re」當然可以直接理解成是「regarding」或「referring to」的縮寫；但是，這個字其實並非是這些字的縮寫。

《現代英語用法詞典》指出，「re」源於拉丁語res，意思為「事物」，同樣的，這個字也是拉丁語in re的簡寫，根據《牛津英語辭典》，此拉丁詞語的意涵本來是「in the matter of（就……而論）」，而現今這個詞指的是「in the legal case of」（就此案……而論）或是「with regard to」（關於）。「re」與之後演變的兩個現代詞語「regarding」和「reference」如此相關只是巧合，它們只是恰巧都以這兩個字母開頭罷了。

141。「Scotch」指蘇格蘭人？

蘇格蘭人是「Scots」而不是「Scotch」，但並非一直是如此。

一七八六年，蘇格蘭詩人羅伯特・伯恩斯（Robert Burns）寫道：「蘇格蘭人可以用英語寫歌，但樂曲一定要是蘇格蘭的（Scotch）。」

一八二九年，出身於愛丁堡的小說家兼詩人華特・司各特爵士（Sir Walter Scott）也在《羅布・羅伊》中提到：「在我們抵達第一個蘇格蘭（Scotch）城鎮時，我的導遊便去找他的朋友和顧問。」

《現代英語用法詞典》則引用阿特肯（A. J. Aitken）的話：「對工人階級的蘇格蘭人而言，常用的寫法一直是 Scotch，而 Scots 這種在地寫法，有時被認為受到了英語影響。」

一般來說，「Scots」這個字確實會被認為是英語裡描述「蘇格蘭」的用字，不過《現代英語用法詞典》進一步提醒，在現代蘇格蘭地區，「Scotch」大多被認為是玩笑或不適當的寫法。

這個字如今只會出現在「Scotch egg」（蘇格蘭蛋）、「Scotch broth」（蘇格蘭羊肉湯）、「Scotch whisky」（蘇格蘭威士忌）和「Scotch mist」（蘇格蘭靄）上。

142。「Xmas」是 Christmas 的不嚴謹寫法？

以前我的宗教學老師嚴格禁止我們寫「Xmas」——這個字被認為是玷污、褻瀆上帝的寫法。如果有人以匿名的「X」來取代我的名字，我會如何作想呢？但其實「Xmas」並沒有那麼邪惡不敬。

最早在希臘語裡，基督的寫法是「Xristos」，但這裡的「X」並非是羅馬字「ecks」；《卡塞爾的世界史辭典》指出，這是指希臘語字母「chi」。「X」只是代表「希臘語詞 khristos——即基督的第一個字母」。

確實，Chi-Rho（凱樂符號，發音為 Christ 最前面的兩個音節，Ch-r）可以在古愛爾蘭福音手稿《凱爾經》（The Book of Kells）上看到——目前此書藏於都柏林聖三一學院裡。

當然，嚴格來說「Xmas」應該要與「Christmas」發音一樣，因為這是縮寫，而不是別的字。

143。終極謬論？

定義即確定※。

註／讀完這本書後，你確定嗎？

參考資料

Ayto, John, Bloomsbury Dictionary of Word Origins (Bloomsbury, 1990)

Blakemore, Colin and others, The Oxford Companion to the Body (Oxford University Press, 2002)

Burchfield, R. W. (ed.), The New Fowler's Modern English Usage (OUP, 1996)

Burnam, Tom, The Dictionary of Misinformation (Crowell,1975)

Burnam, Tom, More Misinformation (Crowell, 1980)

Cobham Brewer, E., Room, Adrian (eds) Brewer's Dictionary of Phrase and Fable, 15th edn (HarperResource, 1995)

Davidson, Alan, The Oxford Companion to Food (OUP, 1999)

Fowler, H. W. and others, Concise Oxford English Dictionary (OUP, 2003)

Hendrickson, Robert, The Ocean Almanac (Main Street, 1984)

Hoad, T. F. (ed.), The Concise Oxford Dictionary of English Etymology (OUP, 1966)

Hoad, T. F. (ed.), The Concise Oxford Dictionary of Word Origins (OUP, 1986)

Hoad, T. F. (ed.), The Oxford Library of Words and Phrases (OUP, 1993)

Manser, Martin H. (ed.), The Good Word Guide (Bloomsbury, 1992)

Room, Adrian, The Cassell Dictionary of Word Histories (Cassell & Co., 2000)

Siefring, Judith, The Oxford Dictionary of Idioms (OUP, 2004)

Soanes, Catherine, Stevenson, Angus (eds), Oxford Dictionary of English (OUP, 2001)

Tuleja, Tad, Fabulous Fallacies (The Stonesong Press, 1982)

Wanjek, Christopher, Bad Medicine: Misconceptions and Misuses Revealed, from Distance Healing to Vitamin O (Wiley, 2002)

Ward, Philip, A Dictionary of Common Fallacies (Oleander Press, 1978)

Wilson, F. P., The Oxford Dictionary of English Proverbs (Clarendon Press, 1980)

參考網站

www.britannica.com

www.madsci.org

www.findagrave.com

www.findadeath.com

wwvw.rethink.org

www.army.mod.uk

www.nhsdirect.nhs.uk

The Pedant's Revolt
書呆子的反抗
為什麼你以為對的都是錯的？

作者　安卓雅・芭罕（Andrea Barham）
譯者　游卉庭
責任編輯　許瑜珊
封面／內頁設計　任宥騰
行銷企劃　辛政遠、楊惠潔
總編輯　姚蜀芸
副社長　黃錫鉉
總經理　吳濱伶
執行長　何飛鵬
出版　創意市集
發行　城邦文化事業股份有限公司
歡迎光臨城邦讀書花園
www.cite.com.tw

香港發行所　城邦（香港）出版集團有限公司
香港灣仔駱克道 193 號東超商業中心 1 樓
電話：(852) 25086231
傳真：(852) 25789337
E-mail：hkcite@biznetvigator.com

馬新發行所　城邦（馬新）出版集團 Cite (M) Sdn Bhd
41, Jalan Radin Anum, Bandar Baru Sri Petaling,
57000 Kuala Lumpur, Malaysia.
電話：(603) 90578822
傳真：(603) 90576622
E-mail：cite@cite.com.my

客戶服務中心　地址：10483 台北市中山區民生東路二段 141 號 B1
服務電話：（02）2500-7718、（02）2500-7719
服務時間：週一至週五 9：30 ～ 18：00
24 小時傳真專線：（02）2500-1990 ～ 3
E-mail：service@readingclub.com.tw

ISBN　978-957-9199-60-5
版次　2019 年 8 月　初版 1 刷
定價　新台幣 350 元
製版／印刷　凱林彩印股份有限公司

國家圖書館出版品預行編目 (CIP) 資料

書呆子的反抗：為什麼你以為對的都是錯的？／
安卓雅・芭罕 (Andrea Barham) 著 ; 游卉庭　譯
創意市集出版：家庭傳媒城邦分公司發行　2019.08
── 初版 ── 臺北市 ── 面：公分
譯自：The Pedant's Revolt : Why Most Things You
Think Are Right Are Wrong
ISBN 978-957-9199-60-5 (平裝)
1. 常識手冊

046　　108010259